상처 그 놀라운 치유의 여정

부제: 내면의 상처, 명상으로 꽃피우다

상처

그 놀라운
치유의 여정

내면의 상처,
명상으로
꽃피우다

전현정 지음

도서출판 새한

추천의 글

엄기영
(전 MBC 대표이사 사장)

복잡다단한 우리네 삶에서 이웃에, 주변에 눈길 주기란
쉽지 않다.

그냥 스쳐 지나갈 뿐.

전현정씨의 상처, 그 놀라운 치유의 여정은 그런 무덤덤
한 우리 삶의 양태를 반성케 한다. 나는 너무 이기적이었
구나.

항상 쾌활하고 기분좋은 분위기 메이커에게도 이런 깊은
상처가 있었다니...

현정씨의 그 놀라운 치유의 여정에 국선도의 깊은
'숨'(호흡)도 도움이 되기를 도반(道伴)으로서 빈다.

● 상처 그 놀라운 치유의 여정

추천의 글

민 영 욱
(한국스피치 평생교육원 원장)

신록의 계절이다.
꽃들은 흔들리고 아파도
꽃답게 핀다.

전현정 강사의 〈상처, 그 놀라운 치유의 여정〉의 출간을
마음 깊이 축하드린다.

눈물과 통찰로 쓴 이 책이,
이 땅의 수많은 아픈 꽃들에게
위안과 용기가 되어 줄 것을 믿는다.

차례

제1부   17

유년, 가고 싶은 그 곳

제2부   51

사랑하는 여동생, 꽃으로 지다

제3부   79

두 꽃잎마저 지고, 불면은 강물처럼 밀려오고

프롤로그(Prologue)

평생 지워지지 않는 상처 하나쯤 없는 사람은 없다. 어떤 아픔도 없을 것같은 밝은 사람도, 바늘로 찔러도 피 한 방울 안 날 듯한 냉철한 사람도 마음속 깊은 곳에 숨겨둔, 평생 지워지지 않는 상처들이 있다.

언젠가 너무나 행복해 보이는, 평생 불행과는 조금도 관련이 없는 듯 밝기만 했던 친구와 만나 대화했었다. 반갑고 즐거운 대화를 지나 서로 속내를 얘기하다보니, 그 친구도 밝은 얼굴 뒤에 숨기고 있던 어두운 상처를 하나둘 드러내는 것이 아닌가.

'너도 나처럼 아픈 상처가 있구나.'

친구의 아픔이 생생히 느껴지는 듯했다. 놀랍기보다는 그 오랜 상처에 동감했고, 진심으로 서로 위로해 주며 안 아줄 수 있었다.

내 상처도 치유될 수 있을까?

살면서 상처받지 않을 수 없다는 것쯤은 아주 오래전부터 깨달아 알고 있다. 하지만 그 사실을 안다고 해서 상처가 줄어들거나 흔적도 없이 치유되는 것은 결코 아니다. 오히려 무엇으로도 지울 수 없는 아린 상처들이 깊숙히 생기기도 한다. 그 상처들은 아무리 시간이 오래 흘러도, 그 사이에 행복한 일들이 아주 많이 일어나도, 완전히 치유되지 않은 채 흉터로 남아 있다가 때론 조용히 혼자 있다 보면 다시금 벌어져 속을 다 헤집어 놓기도 한다.

어릴 적 우리 집이 부유하지는 않았지만, 나는 인자한 아버지와 지혜롭고 현숙한 어머니 슬하에서 행복한 유년 시절을 보냈다. 1남 4녀 중 둘째 딸인 나는 천성이 긍정적이고 사람을 좋아하여 좋은 친구들을 많이 사귈 수 있었다. 지금은 사업을 하면서 더욱 화려한 인맥을 갖게 되었고, 나아가 경제적 안정도 이루면서 주변 사람들로부터 '강남 사모님'이라는 진반농반 소리까지 들으며 살고 있다. 오롯이 나를 지지하고 사랑해 주는 든든한 남편과 구김살 없이 잘 자라 유능한 사회인이 된 아들과 딸도 있으니, 얼핏 나에 대해 잘 모르는 분들에게는 큰 고비 없이 무탈하게 살아온, 상처라곤 손톱에 긁힌 자국도 없는, 태어나면서부터 이제까지 세상의 밝은 쪽면만 보고 살아온 사람으로 보일 수도 있을 것 같다. 하지만 나에게도 감춰둔 여러 상처들이 있고, 그중에는 지금도 결코 잊을 수 없는, 아니 때마다 나를 아프게 하는 상처도 여럿 있다. 특별히 나로 하여금 '절망'이라는 삶의 극한에까지 이르게 한 상처도 있는데, 바로 12년 전, 세상 누구보다 소중했던 친여동생이 돌아올 수 없는 곳으로 떠난 사건이다.

나중에 자세히 얘기하겠지만 동생은 갑자기 닥친 불행으로 절망했고, 이를 극복하기 위해 애썼지만 결국 비통함에 짓눌려 자신을 지키지 못하고 세상을 등졌다. 갑작스런 동생의 죽음은 나에게도 심각한 상처가 되어 삶을 망가뜨렸다. 그날 이후 단 하루도 동생을 생각하지 않은 날이 없다. 그 전까지 나는 평생 죽음을 생각해본 적이 없음에도, 동생을 그리워하는 마음에 돌발적으로 해서는 안 될 생각을 할 것만 같아서 몇 년 간은 아파트 베란다에도 나가지 못할 정도였으니 말이다. 매일 매일이 동생에 대한 사무치는 그리움과 애증, 그리고 남겨진 조카에 대한 걱정뿐이었다. 동생이 떠난 후 2년이 지난 2012년, 간신히 정신을 추스르고 살기 위해서 아픔을 치유하기 위해서 노력하기 시작해서 오늘에 이르고 있다.

처음엔 지인들을 만나 내가 가진 아픔들을 모두 털어놓았다. 지금 얼마나 힘든지, 동생이 얼마나 보고 싶은지, 우리 동생은 어디로 간 것인지…

하지만, 아무리 속에 쌓인 감정들을 털어 놓아도 뒤돌아서면 무서울 정도의 공허함이 몰려왔고, 아픔은 또 다시 차올랐다. 오랜 세월 수행하셨다는 스님들과 수행자들을 찾아 전국 방방곡곡을 다니기도 했다. 그러나 그분들 앞에서 아무리 고통을 토로하고 이 고통을 없앨 수 있는 답을 구해도 허한 마음을 모두 채울 수는 없었다. 날이 갈수록 나아지기는커녕 점점 내가 아니게 되는 상황에 다다르자 평생 이렇게 살아야 할지도 모른다는 고통과 절망이 나를 엄습하기도 했다.

그 때, 나는 '명상'을 만났다.

일반적으로 '명상'이라는 단어를 들으면 떠올리는 어떤 이미지가 있다. 예를 들어, 떨어지는 폭포를 맞으며 수행하는 은둔 거사나 혹은 산 속 암자에 눈을 감고 앉아 있는 스님과 같은 이미지 말이다. 그래서 대개의 경우 명상을 종교적이거나 혹은 자신과는 아무런 관계없는 낯선 것으로 생각하는 사람들이 많다. 하지만, 실제로 '명상'은 우리가 인지하든 인지하지 못하든 간에 우리 삶과 아주 밀접하게 맞닿아 있다. 즉, 우리가 단지 편안 하게 하는 심호흡도 일종의 명상이며, 속으로 스스로의 상태를 관찰하는 것 또한 명상에 속한다. 다만, 그 단계를 '일상'의 것으로 가볍게 여기고 더 깊은 세계, 곧 '명상' 의 세계로 나아가지 못할 뿐이다.

젊은 날부터 명상에 관심은 있었지만 직접 찾아 수행 해 볼 엄두를 내지 못했었는데, 동생의 죽음을 계기로 알게 된 명상은 조금씩 내 절망스러운 삶을 바꾸어 놓았 고, 내가 가지고 있던 깊은 상처에는 조금씩 새 살이 돋 으며 아물기 시작했다. 남에게 기대어 위로를 받고 상처를 치유하려고 애쓸 때는 무엇인지 모를 부족함과 허전함에 나아질 기미가 보이지 않던 그 상처가 거짓말처럼 점점 낫기 시작했다. 가끔 동생에 대한 사무치는 그리움이 올라와서 눈물이 그렁그렁 차오를 때에도, 깊게 심호흡하면서 지금의 내 슬픈 마음을 거리를 두며 객관화, 명상을 통해 알아차림으로써 다시 원래의 편안한 상태로 돌아가는 것이 가능해졌다. 명상을 알고 수련하면서, 예전처럼 부정적인 감정에 휘둘리지 않고 감정을 통제하고 평온한 상태를 유지하는 힘이 생겼다.

상처가 완전히 아물어서 모든 아픔을 잊었다고 말한다면 그건 거짓말이다. 요즘도 종종 동생의 생각이 떠오르고, 때론 잠에서 깬 아침부터 슬프고 우울한 감정이 내 마음을 가득 채울 때도 있다. 그러나 이제는 예전처럼 그 감정들에 파묻히지 않고 짧은 명상을 통해 그것들을 가라앉힐 수가 있다. 명상을 알고부터 앞으로의 소중한 날들이 과거의 아픔에 뒤덮이지 않도록 스스로를 지킬 수 있는 능력을 갖게 되었다.

처음에는 이 아픔에서 벗어났다는 사실만으로도 마음이 편안했다. 그동안 잊고 살았던 즐거움을 다시 찾아가는 하루하루를 사는 것이 행복했고, 이제는 어떤 큰 아픔이 찾아오든 감당할 수 있는 방법을 알게 되었으니 두려울 것이 없게 됐다. 그때부터 내 주변에 상처를 안고 살아가는 수많은 사람들이 떠오르기 시작했다. 말로 다 할 수 없을 정도로 많은 아픔으로 괴로워하는 그들을 두고 혼자만 명상으로 행복한 삶을 되찾아 미안하다는 생각이 들었다. 분명히 그들 중에는 내가 느꼈던 고통보다 더 큰 아픔을 안고 살아가는 분들도 있을 것이고 그 아픔에 잠식되어 하루하루 버티는 삶이 얼마나 괴로운 것인지 동감하기에 마음이 아팠다. 그래서 나는 결심했다.

'명상을 통한 내면의 치유, 슬픔과 괴로움에서 벗어날 수 있는 유익한 명상을 나만 알고 있을 수는 없다. 저마다 다른 아픔을 가진 수많은 이들에게 근본적인 치유법을 널리 알려서 과거의 나처럼 힘겨워하는 사람들에게 도움이 되자. 그래서 세상에 불필요한 고통을 조금이라도 덜어주자.'

그렇게 이 책, [상처, 그 놀라운 치유의 여정]이 세상에 나오게 되었다. 나는 이 책을 통해 명상을 이론적으로 분석하거나 체계적으로 가르치려는 뜻은 없다. 그보다는 명상을 단 한 번도 접해보지 않은 사람들조차 알기 쉽게, '수행'이나 '고행'이 아니라 일상에서 시도하며 편히 다가갈 수 있도록 돕고 싶다. 그래서 일상에서 사용할 수 있는 명상법들을 선택하여 소개하고, 어려운 용어들은 쉬운 단어로 풀어 쓰는 등 할 수 있는 최선을 다했다.

부디 과거의 상처로 지금 고통 받고 있는 많은 사람들이 이 책을 읽고 자신의 아픔과 절망을 떨쳐낼 수 있기를, 부족하나마 이 책이 길잡이가 되기를 바라는 마음뿐이다.

제1부

유년,
가고 싶은 그 곳

아버지를 따라간
백령도에서

누구나 힘들 때마다 떠올리는 마음 속 소중한 기억이 있다. 소중한 기억은 당장 어떤 해결책을 제시하거나 상처를 치유해 주지 않지만, 힘든 순간을 잘 견딜 수 있는 힘이 되어 준다. 나에게는 어릴 적 백령도에서의 기억이 소중하게 남아있다.

나는 백령도에서 유년시절을 보냈는데, 직업군인이었던 아버지의 근무지가 바뀔 때마다 우리 가족은 이사를 다녀야 했다. 마침 백령도에서 근무하게 된 아버지를 따라 백령도에서 살게 되었다. 당시 군부사관은 한 분야의 전문 인력임에도 불구하고 월 급여나 복지 측면에서 열

악한 처우를 받았고, 그만큼 우리 집 형편도 풍족하지는 않았다. 하지만, 단언컨대 우리 가족들은 서로를 사랑했고, 나는 더할 나위 없이 행복했다.

아무튼, 그러한 이유로 나에게 '고향'은 남들과는 조금 다른 의미를 갖는다. 대개 사람들은 자신이 태어난 곳을 고향이라고 하는데, 나는 내가 태어난 김포 대신 유년시절을 보낸 백령도를 마음의 고향으로 두고 있기 때문이다. 뭐라고 할까? 고향이란 단어에 담긴 따뜻함과 그리움의 느낌이 김포보다는 백령도에서 보낸 소중한 기억들과 더 잘 어울린다고 할까.

'백령도'라는 지명을 들으면, 많은 분들은 가장 먼저 '북한' 혹은 '해병대' 등의 단어를 떠올린다. 아무래도 대한민국의 최북단에 위치한 섬이고, 늘 전쟁도발의 기회를 노리는 위험집단 북한을 불과 수 킬로미터 거리에서 마주하고 있는 섬이기 때문에 "위험한 섬"이라는 생각이 먼저 들 수밖에 없을 듯하다. 심지어 각종 미디어와 뉴스에서 백령도를 다룰 때면 거의 예외 없이 북한, 어뢰, 도발, 포격 등 이름만 들어도 무시무시한 단어들과 묶어서 나오기 일수여서 당연한 반응일 수도 있겠다. 하지만, 내가 기억하는 백령도는 그런 일반적인 이미지와는 많이 다른 섬이다. 오히려 지금 살고 있는 서울보다도 안전하고, 평화롭고, 깨끗하고, 사람들도 순박하여 정이 넘친 곳이었다. 나의 유년시절을 온통 설렘과 행복으로 가득 채워준, 그래서 여전히 행복한 과거를 추억할 때면 제일 먼저 떠올리는 마음의 고향이다.

육지에서 백령도로 가려면 꼭 배를 타야만 한다. 그렇기 때문인지 몰라도 내가 살던 시절의 백령도는 아직 도시의 때가 묻지 않은 순수한 섬마을이었다. 외지인에 대한 경계심 대신 처음부터 가족처럼 따뜻하게 대해주는 순박한 이웃들 덕분에 우리 가족은 금세 백령도의 주민으로 녹아들었고, 나도 또래 친구들과 어울려 놀며 따뜻한 관계를 맺게 되었다. 내가 지금도 항상 긍정적인 태도를 잃지 않고 살아가는 것이나 다른 사람들과 어울리는 걸 즐거워하는 것도, 분명히 백령도에서 어린 시절을 보냈기 때문인 것 같다.

백령도로 이사를 간 당시 나는 여섯 살이어서 동생들과 함께 교회 부설 유치원에 입학하게 되었다. 무려 58년 전의 기억임에도 불구하고 아직까지 그 교회의 이름과 친구들의 얼굴이 아른아른 떠오르는데, 이때부터 열 살 때 백령도를 떠나기 전까지의 5년이 내 인생에서 가장 행복했던 시간이다.

내가 어렸을 때만 해도 유치원에서 소풍을 가면 으레 온 가족이 같이 소풍을 따라가곤 했다. 지금은 정확한 위치까지는 기억이 나지 않지만, 부모님과 같이 간 소풍날, 산 속에서 보물찾기를 했던 기억은 아직도 생생하여 잊히지 않는다. 그 시절 유치원생들이 찾는 보물이 〈알리바바와 40인의 도둑〉에 등장하는 보물처럼 대단한 무엇일 리는 없었지만, 당시에는 그저 산에서 감춰진 보물을 찾는다는 사실 하나만으로도 얼마나 설레고 즐거웠는지 모른다. 나뭇가지와 풀 속을 샅샅이 뒤지며 제일 먼저 보물을 찾으려고 다람쥐마냥 여기저기 산을 헤집었던 기억이 난다. 그리고 그때 보았던 풀 한 포기, 나무 한 그루까지도 희미하게나마 내 기억 속에 남아 있다. 가끔 눈을 감고 그때를 떠올리면 백령도 숲속의 냄새가 코끝을 스치는 느낌을 받기도 한다. 교회 뒤 아카시아 나무 아래에서 꽃을 따서 꿀을 빨아 먹던 기억을 떠올리면, 당장 그 달

달한 맛이 혀끝에서 맴도는 듯하다.

내가 다닌 유치원이 교회 부설 유치원이어서, 나는 자연스레 교회 합창단에서 활동하기도 했다. 겨울이 다가오면 합창단 친구들과 밤늦게까지 교회에 모여서 노래를 연습했는데, 지금도 "거룩한 천사의 음성..."이라는 가사로 시작하는 〈희망의 속삭임〉이라는 노래를 들으면 타임머신을 타고 유년시절로 돌아가 아련한 추억 속으로 빠져든다. 어렸을 때는 무대 위에서 노래하는 것을 부끄럽게 여기지도 않았고 오히려 즐거워하며 앞장서서 오르곤 했는데, 아마도 실수하지 않을까 긴장하고 염려하기보다는 얼른 무대에 올라 멋지게 보이고 싶은 설렘만 가득했던 것 같다. 그만큼 천진난만한 어린 시절, 나는 지금보다 훨씬 낙천적이었다.

겨울이 되고 성탄절을 맞이할 즈음에는 천연 눈썰매장이 개장하기도 했다. 교회에서 성탄절 합창 연습을 마치고 밖으로 나오면 무릎까지 쌓인 눈이 우리들을 반겨주곤 했는데, 교회 앞 가파른 언덕에 눈이 쌓여 최고의 눈썰매장으로 변해 있었다. 바로 달려가 놀고는 싶은데, 먼저 와서 신나게 신발스키, 포대썰매 등을 타고 노는 고등학생 오빠들의 기세에 쉽게 다가서지 못하고 서성거리다 보면, 나보다 키가 세 배는 커 보이는 한 오빠가 다가와서 얼기설기 만든 썰매를 태워주기도 했다. 내려오는 모습은 그저 신나기만 했는데, 막상 언덕 위에 서고 보니 언덕이 어찌나 가파른지, 썰매를 타고 내려갈 때는 눈을 질끈 감고 썰매가 다 멈추고 나서야 눈을 뜨곤 했다. 오빠들은 그런 나를 보고 그러려면 썰매는 무엇 하러 타냐며 놀려대며 핀잔을 주기도 했다.

한참 지나서였지만, 그때의 추억을 갖고 다시 찾아간 그 언덕은 성인이 된 나에게 완만하기 그지없는 경사였다. 겨우 이 정도 언덕을 겁냈던 어린 시절 나에 대한 귀여움에 저절로 미소가 떠올랐고, 또 왠지 모를 세월의 무상함에 살짝 눈물이 고이기도 했다.

6살부터 10살까지 딱 5년. 우리네 삶이 100년 가까이 되는 걸 생각해보면 짧은 세월일 수도 있겠다. 그러나 이 짧은 세월에 쌓아 놓은 행복한 기억은 백령도를 떠나 수십 년이 흐른 지금까지도 내 마음 한편에서 언제나 나를 지탱하고 있는 소중한 추억이 되었다. 그리고 이렇게 소중한 백령도에서의 추억들은 내가 간혹 일상에 지쳐

현재의 진촌 교회

쉼과 위로가 필요할 때나, 혹은 먼저 떠난 동생의 생각이
불현듯이 떠올라 슬픔이 가득할 때면 기억의 저편에서
꺼내어 조금이라도 마음을 추스를 수 있게 도와주었다.

부모님과 함께한 추억들

앞에서 말했듯이, 군 부사관인 아버지의 월급은 그리 많지 않았다. 어머니는 집안일을 하면서 동시에 우리 다섯 남매들을 돌봐야 했기 때문에 아무런 경제활동을 할 수 없었다. 때문에 우리 집은 전적으로 아버지의 월급에 의지하여 모든 것을 해결해야만 했다. 매일 먹을거리부터 시작해서 생활용품과 입는 옷은 물론이고, 학교 준비물들까지 모두 아버지의 지갑에서 나온 것들이었다. 그렇게 빠듯한 살림이었음에도 불구하고 나는 중학교 때까지 우리 집에 돈이 없다는 사실을 알지 못했다. 딱히 부모님께서 나에게 아쉬운 얘기를 하신 적도 없고 내가 가정 경제에 크게 관심을 가졌던 것도 아니지만, 그보다는 우리 다섯 남매와 어머니 모두 아쉬운 것 없이 잘 살았기 때문이었다.

돈은 많지 않아도 우리 다섯 남매를 귀하게 키우려는 어머니의 마음은 가늠할 수 없을 만큼 크기만 했다. 다른 누구보다도 그 시절 '국민학교'(오늘날 초등학교)를 다니는 어린이들은 천을 덧댄 낡은 옷을 입고 다녔고, 겨울이면 잘 씻지 않고 다니는 것도 자연스러울 정도였다. 당시에는 도시에서도 오늘날처럼 관개시설이나 보일러가 잘 갖춰진 마을이나 집이 많지 않았을 뿐만 아니라, 백령도의 환경은 더욱 열악해서 '온수'는커녕 우물도 꽁꽁 얼기 일쑤였다. 그런 시절, 한겨울에도 어머니는 석유난로에 손수 물을 데워 우리를 깔끔하게 씻겨주었다. 다섯 남매는 어머니의 정성으로 일주일에 한 번씩 따듯한 목욕물에 몸을 담글 수 있었다.

남들보다 '특혜'를 누린 것도 있는데, 바로 아버지께서 해병대 수송과 소속 부사관이셨기에 군용차량을 종종 이용할 수 있었다는 점이다. 그때 백령도에는 택시나 버스 등 대중교통이 없어서 동네 주민들은 이동하는 데 어려움이 많았다. 그러던 차에 이웃들의 부탁을 받은 아버지가 간혹 군용차량을 이용하여 짐을 실어주거나 먼 데까지 태워다 주기라도 하면 마을 사람들이 감사하다며 갓 잡은 물고기나 고구마, 쌀 등을 나눠 주시기도 하던 기억이 떠오른다. 그렇다고 해서 아버지가 군용차를 아무렇게나 사적으로 사용하셨다는 말은 물론 아니다. 강직하시기 둘째가라면 서러워했을 아버지이시기에 군용차를 사적으로 사용해서는 안 된다는 걸 모르셨을 리가 없다. 다만 당시에는 차가 흔치 않았고, 백령도는 민과 군이 어울려 서로 협력해야 하는 환경인 데다, 이웃으로서도 인정이 넘쳤던 시대라서 가능했던 일이었는지도 모르겠다.

아무튼, 그때는 배를 굶거나 쌀 밥 먹기가 어려웠던 시절이었지만 우리 집은 먹을 게 없어서 걱정하는 일은 상상도 하지 못했다. 오히려 매 식사 때마다 배가 남산처럼 부를 때까지 밥을 먹을 때도 있었다. 그러한 풍족함은 부엌 밖에서도 경험할 수 있었다. 집이 어느 정도 윤택하더라도 형제 사이에 옷을 물려 입는 게 당연시 여겨지던 그 시절에도 나는 언니의 옷을 한 번도 물려 입어본 적이 없을 정도이다. 어렸을 때부터 주관이 뚜렷하고 자존심이 셌던 나는 누군가가 입던 옷을 그대로 물려받는 것이 너무나 싫었다. 대부분 친구들은 불평 없이 그런 집안의 전통에 따랐지만, 나는 내 마음속 생각을 감춰두지 않고 말로, 행동으로 표현해야 직성이 풀리는 당찬 아이였다. 그리고 나보다 훨씬 훌륭하신 부모님께서는 어찌 보면 한없이 철없는 어린 나의 주장에 매와 훈계가 아닌 경청과 사랑으로 끝까지 받아주셨다. 한 번은 갖고 싶은 옷이 있었는데, 어머니께서 돈이 없다며 완강히 거절한 일이 있었다. 그러나 거절 한 번에 입을 다물 내가 아니었다. 나는 울며불며 온 집안을 방방 뛰어다녔다. 급기야 어머니는 마치 전쟁 같이 극성맞은 내 시위를 간신히 달래 놓고는 어디서 돈을 빌렸는지 그 옷을 사다 주셨다. 한참이 지나고 나서야 그 행동들이 얼마나 철없는 것이었는지를 깨닫게 되었지만, 이처럼 대책 없이 고집 세고, 목소리만 큰 내가 미울 법한데도 어머니와 아버지는 어린 딸을 존중하셨고, 항상 대화로 모든 문제를 해결하기 위해 무던히도 노력하셨다. 비단 나에게만 이런 관대함을 보여주신 것은 아니다. 형제간에 말싸움 정도가 아니라 심한 다

툼이 몸싸움으로까지 번질 때에도 부모님은 결코 체벌하신 적이 없었다. 그것은 어머니의 교육 신조에 따른 것인데, 어머니는 '어렸을 때 귀하게 자란 아이가 사회에서도 귀한 대접을 받는다.'고 굳게 믿으셨다. 나는 현명한 어머니의 교육신조 덕분에 정말로 귀한 대접을 받으며 자랐고, 그 귀한 대접이 고스란히 나의 건강한 자존감의 토대가 되어 오늘도 귀하게 살고 있다. 그리고 어머니의 뜻은 나에게도 고스란히 전해져서, 나도 어머니처럼 자녀들을 '귀하게' 키웠다. 회초리보다는 대화로, 아이들을 이해하고 존중하며 아이들의 자존감을 세워주려 애썼다. 다행히 교육신조대로 아이들은 모두 훌륭하게 자라주었다.

아무튼, 안타깝게도 유년시절 풍요의 즐거움이 오래가지는 못했다. 내가 중학생이던 어느 날 아버지께서 전역하셨다. 그것도 원해서가 아니라 '명예퇴직'으로 떠밀리듯 전역을 하셔야만 했다. 전역 이후 아버지는 약 일 년 정도 실업상태로 있으셨는데, 그때 처음 우리 집이 경제적으로 부유하지 않다는 걸 알게 되었다.

풍요와 안정은 연기처럼 사라져 버렸다. 익숙했던 풍

족함이 결코 당연한 것이 아니었다는 걸 하루하루 느끼게 되면서 비로소 뒤늦게 그 소중함을 깨달았다. 그런데 그 와중에도 아버지와 어머니는 우리들의 소중한 일상을 지키기 위해서 매일 분투를 이어가고 계셨다.

우리 다섯 남매의 편안한 유년시절을 위해 젊음을 바친 부모님께 진심에서 우러나오는 감사와 존경을 그 때가 되서야 느끼게 되었다. 사춘기 시절 알게 된 우리 집의 현실이 야속하지만은 않았던 이유이다.

나의 소중한 소울메이트

누군가 내게 "가장 친한 친구가 누구냐?"는 질문을 한다면, 나는 한 치의 망설임도 없이 내 여동생이라고 대답하겠다. 또 가장 보고 싶은 사람이 누구냐는 질문에도, 나는 주저 없이 내 소중한 여동생이라고 대답하겠다.

동생은, 어렸을 때부터 나에게 각별한 존재였다. 1남 4녀 중 둘째인 나와 셋째인 여동생이 다른 형제들에 비해 유난히 친했던 이유를 어떤 구체적인 사건이나 계기로 설명할 수는 없다. 그저 짐작하기로는 밥만 먹으면 자주 체하며 괴로워하는 동생에 대한 측은함과 챙겨주고 싶은 마음이 동생에 대한 각별함으로 이어졌고, 그런 나를 동생이 무척 따랐던 것 같다.

● 상처 그 놀라운 치유의 여정

백령도에서 살던 시절 아버지는 적어도 가정의 먹을 거리에 대한 책임감에 있어서는 최고였다. 마을 주민들이 고마운 마음으로 주신 고기, 고구마, 쌀 등과 군부대에서 나오는 베이컨이나 과자를 한 꾸러미 들고 퇴근하시는 일이 잦았다. 남들은 없어서 못 먹는 고기를 두고도 나는 특유의 냄새가 난다고 먹지 않는 배부른 투정을 부리기도 하였다. 월남전에도 참전하신 아버지는 전쟁의 막바지에 비교적 위험하지 않은 곳에서 복무하셨는데, 한 달에 한 번 미군이 개인에게 지급한 보급품 중 식량을 보내주기도 하셨다. 덕분에 당시 귀하디귀하던 크래커와 초콜릿, 토마토 주스, 통조림 등을 먹는 진짜 호사도 누렸었다. 하지만, 동생은 그런 호사를 눈앞에 두고도 제대로 즐기지 못했다. 아니 즐기기는커녕 뭐가 문제였는지 무엇이든 입에 넣기만 하면 체하여 먹은 것을 방바닥에 모두 게워내기 일쑤였다. 가족들이 오순도순 둘러 앉아 식사를 하다가도 예의 동생의 낯빛이 이상하다 싶으면 가족들은 '또 시작이구나'하는 표정으로 빠르게 각자 해야 할 일을 찾아 부산을 떨곤 했다. 특별한 우리 가족만의 식사 풍경이었다.

어린 나이에 그런 동생이 불편하기도 했지만 그
보다는 더 챙겨주고 싶은 마음, 걱정되는 마음이
더 컸다.

동생은 어린 시절 잘 먹지 못해 성장이 늦고 육체적으
로 약해 보였지만 성정(性情)은 오히려 누구보다 강했
다. 천성이 남에게 지기 싫어했고, 연년생인 남동생과 종
종 몸싸움도 마다하지 않았다. 다른 사람 밑에 있는 것도
싫어해서 자기보다 나이가 많다고 무조건 공대하는 것도
마뜩지 않아 했다. 그런 동생이 나에게만은 누구보다 다
정했다. 아마도 내가 자신을 각별하게 생각하고 있다는
것이 전해져서가 아닐까. 아무튼, 자매가 4명이 되었지
만, 그중에서도 우리 둘 사이에는 여느 형제보다 돈독한
무언가가 있었다.

내가 온 동네를 돌아다니며 놀 때면 어린 동생은 뒤를
졸졸 따라다녔고, 나이가 어려 글을 배우지 못한 탓에 책
을 읽을 수 없으면서도 내가 공부를 하고 있으면 옆에 다
가와 공부하는 시늉을 내곤 했다. 껌딱지 마냥 늘 붙어
있으니 우리 사이에는 남들은 모르는 비밀도 많이 쌓였

고, 다른 형제들보다 유별나게 깊은 우애를 자랑했었다.

동생이 태어나고 내가 집을 떠날 때까지 20여년을 함께 부대끼며 살다보니 생김새는 물론이고 성품마저도 자연스레 서로 닮아갔다. 나의 트레이드마크인 적극적이고 진취적인 성격은 연유는 몰라도 동생에게 전해지며 더 강해졌다. 동생은 나보다도 훨씬 더 승부욕이 강했고, 더 대담했으며, 무엇이든 남보다 잘하려는 욕심이 강했다. 이런 동생이 부담스럽기는커녕 항상 내 편이 되어줄 것이라 생각하니 든든하기만 했다.

내 평생에 가장 행복했던 기억이 백령도에서의 유년기인 이유는 여럿이지만, 그중 가장 큰 이유를 꼽으라면 단연코 동생 때문이다. 그만큼 동생과 나는 때로는 친구처럼, 때로는 모녀지간처럼 정을 주고 받으며 다시 없을 행복한 하루하루를 쌓았다.

어른이 되고 서로 멀리 떨어져 살아도, 동생과 나 사이에는 변함없는 신뢰와 사랑이 있었다. 물론, 그럼에도 세상의 때가 묻지 않았던 어린 시절의 기억을 계속 추억하고 그리워하기도 했는데, 그건 아무런 걱정 없이 순수하게 서로 지지하고 보듬으며 행복했던 기억 때문이다.

그런 동생이 마냥 행복했다면 얼마나 좋을까! 아니 힘든 시간을 보낸다고 해도 내 곁에 살아서 손잡고 같이 울며 위로할 수 있다면 얼마나 감사할까! 동생이 삶의 후반기에 겪었던 온갖 고통과 비참함이 떠올라 서럽다. 곁에서 천사처럼 웃고 있는 어린 동생의 얼굴이 보이는 듯 더욱 그립다.

지금도 가고 싶은 그 곳,
백령도

백령도를 떠난 지 어느덧 반백년하고도 몇 년이 더 흘렀다. 10년이면 강산도 변한다고 하는데, 다섯 번은 족히 변하고도 남을 시간이 지났으니, 지금 백령도는 내가 살았던, 내가 알고 추억하는 그 백령도와 완전히 다른 모습을 하고 있을 것이 분명하다. 그럼에도 불구하고 내 마음 속 한 구석에는 아름다운 섬 백령도의 잔상이 여전히 지워지지 않고 남아 있다. 아니, 세월이 흐를수록 더욱 선명해진다. 이런 내 그리움을 종종 말로 표현하곤 했다. "백령도에 가고 싶다.", "그곳이 그립다."를 연발하며 다른 사람들에게 마음속 고향을 향한 그리움을 절절하게 표현하곤 했다.

늦가을까지 피어있던 뒷마당의 주먹만한 노오란 다알리아 꽃을 보면서 '참 예쁘다'라며 미소 짓고, 강아지를 보면서 '귀엽다'고 소리치며 마냥 행복해 하던 어린 시절의 나. 눈을 감으면 떠오르는 그 시절의 내가 지금의 감성적인 나로 살아가게 하고 있는 것 같다.

동생을 먼저 떠나보내고 힘든 시간을 보내고 있을 때, 마음의 고향 백령도에 대한 그리움은 날이 갈수록 심해졌다. 고향이란 이름이 주는 푸근함, 순수한 시절에 쌓았던 여러 추억들, 그리고 애잔한 동생과 아무런 걱정 없이 뛰놀았던 그 때의 백령도가 사무치게 그리운 것은 어찌보면 당연한 일이었다.

다른 사람들이야 이런 나의 말을 흘려듣고 '그냥 동생에 대한 그리움 때문이겠거니'하며 넘어갔지만, 사랑하는 나의 딸은 내가 백령도 얘기만 나오면 눈을 반짝이며 어린 시절의 추억을 신나게 이야기하는 모습을 예사롭지 않게 지켜본 모양이다.

피는 못 속이는 것일까? 딸은 주체적이고 적극적인 나의 성격을 많이 닮았다. 아니, 오히려 나의 그러한 특성이 세대를 거치며 더 강해졌나 싶을 정도이다. 딸은 하고 싶은 일이 생기면 주저하기보다는 실패하더라도 도전하며 배우려고 하고, 하기로 마음을 먹은 뒤에는 다짐에만 그치지 않고 끝까지 해내는 모습을 어렸을 때부터 보여 줬다. 그런 딸이 어느 날 내 푸념을 귀담아 듣고 잠깐 침묵하더니 이내 "그럼 가자"라는 한 마디와 함께 백령도 여행을 추진했다.

사실 나는 매일매일 마음속으로, 또 입 밖으로도 "가고 싶다.", "가고 싶다."를 버릇처럼 되뇌었지만, 그리운 고향에 대한 무의식적 표현이었을 뿐, 바쁜 일상을 뒤로 하고 무작정 백령도로 떠날 배포까지는 없었는지도 모른다. 그렇게 망설이고, 뒤로 미루어만 왔던 정서적 고향으로의 여행인데..., 엄마의 망설임을 눈치챈 딸이 강하게 추진하면서 백령도 여행이 결정되었다.

딸의 갑작스러운 제안에 깜짝 놀란 것도 잠시였다. 본래 사람이 하고 싶은 것을 계속 억누르면 필히 병이 나기 마련이다. 수십 년 동안 그리워하고, 가고 싶어 했던 그리운 백령도. 그곳을 이제 말뿐이 아니라 발을 딛고, 바다 내음을, 추억을 되짚어 볼 때가 왔다는 생각이 들었다. 딸은 신이 나서 일정을 계획하고 숙소를 잡는 등 준비를 시작했고, 그런 모습을 보고 있던 나도 놀란 가슴을 진정시킨 뒤 서둘러서 짐을 싸기 시작했다. 마지막 짐을 캐리어 안에 넣고 지퍼를 닫으며 생각했다.

'드디어 가는구나, 그리운 백령도...'

백령도로 갈려면 다른 육지 지방과는 확연히 다르다. 당연히 섬인 만큼 배를 타야 했고, 우리는 인천연안여객터미널에서 배를 탔다. 오랜만에 와 본 터미널인지라 너무나 많은 것이 변해 있었고, 우리가 타게 될 여객선도 과거에 타던 작고 낡은 것과는 차원이 달랐다. 설레는 마음으로 지난 밤잠을 제대로 이루지 못해서인지 좌석에 앉은 지 얼마 되지 않아서 나는 잠이 들었다.

"엄마 일어나요! 다 왔어요!"

딸아이가 몸을 흔들며 나를 깨웠다. 그새 네 시간이나

지났고, 일렁이는 파도를 사이에 두고 땅이 눈에 들어왔다. 사무치게 그리워하던 백령도였다. 나는 배가 선착장에 닿을 때까지 넋을 놓고 난간에 기대어 있었다. 딸은 그런 나의 어깨를 아무 말 없이 감싸주었다.

수십 년을 그리워하던 그 땅에 막상 발을 들여놓으니 실감이 나지 않고, 어찌할 줄을 몰랐다. 일단은 집에서 계획했던 일정에 따라 렌트해둔 승용차를 찾았다. 딸이 키를 꽂고 시동을 걸자 계기판에 불이 들어왔다. 차는 언제라도 출발할 준비가 되었다는 듯 엔진음을 내고 있는데, 백령도에 도착했다는 감격에 겨워 마음이 채 정리되지 않은 나는 목적지를 정하지 못하고 망설였다. 딸은 내 왼손 위에 자신의 손을 살포시 얹었다. 내가 딸을 바라보자 딸도 내 눈을 피하지 않고 마주 보았다. 그리고는 숨을 크게 마시고는 입을 떼었다.

"엄마. 여기 있는 열흘 동안은 엄마가 가고 싶은 곳만 가고, 먹고 싶은 것만 먹고, 하고 싶은 것만 하자! 어려운 생각 하지 말고, 내 눈치도 보지 말고 그냥 엄마 마음에 맡기자!"

아, 그렇다. 여기는 내가 행복한 유년기를 보낸 나의 진정한 정서적 고향이고, 마음의 안식처이며, 그토록 다시 오고 싶어 했던 실낙원이다. 그런 백령도에 이제야 다시 오게 되었는데 무엇을 망설이고 무엇을 고민한단 말인가! 어느 곳을 가도 즐겁고, 무엇을 해도 즐거울 것이다. 여기는 백령도니까. 일정에 딱딱 맞춘 계획이나 사진 속 명소를 찾아다니는 관광이 아닌, 나의 소중한 기억을 되새김질 하러 온 것이 아닌가!

붉어진 눈시울과 함께 긴장이 풀린 나는 딸을 바라보며, 그 어린 것이 언제 이렇게 커서 엄마를 위로하고 힘을 불어넣어 주는 번듯한 어른이 되었는지 고마움과 대견함을 느꼈다. 잠깐 차오르는 감정을 억누르고 나는 결심한 듯이 말을 꺼내었다.

"집, 어릴 적 살던 집으로 가자."
"좋아!"

그제야 자동차는 경쾌하게 바퀴를 굴리기 시작했고, 딸은 내비게이션의 안내에 귀를 기울이며 낯선 섬의 도로를 이리 저리 핸들을 꺾어 내달렸다. 창밖에 바다가 보였다가, 모래사장에 곱게 핀 해당화가 보였다가, 마을이 보였다가를 몇 번 반복했다. 익숙한 듯 낯선 풍경들이 미묘한 감정을 일으켰고 머릿속은 흥분과 설렘, 그리고 약간의 걱정이 한 데 섞여 있었다. 어린 시절의 나를 다시 마주할 수도 있겠지만, 너무 많이 변해서 그때의 모습을 찾지 못할까봐 불안하기도 했으니까. 십년의 세월에도 강산이 변하는데 백령도를 떠난 지 수십 년이 지난 지금은 얼마나 변했을지 가늠할 수조차 없었다.

이런 저런 생각으로 바깥의 풍경에만 시선을 주고 있던 사이 도착지까지 5분이 남았다는 내비게이션 안내음이 들렸다. 안내판, 전봇대 등의 구조물들이 바뀌기는 했지만 내가 살던 그 동네가 확실했다. 이 동네 어귀에서 친구들과 뛰놀았던 기억들이 새록새록 떠오르기 시작했다. 혹시나 했던 걱정은 기우였고, 내가 떠났던 당시와 크게 바뀐 곳도 있지만 대체로 기억 속 마을 모습들이 남아있었다. 배와 차에서 오는 내내 가졌던 걱정들은 이내 모두 설렘으로 바뀌었고, 창밖만 조용히 바라보던 나는 갑자기 말이 많아지기 시작했다. 원래 저쪽에 우물이 있었다는 둥, 저기에서 숨바꼭질을 하다가 넘어졌다는 둥. 마치 그때로 돌아간 것 마냥 눈에 보이는 모든 풍경에 서린 추억들을 곱씹었다. 딸은 흐뭇한 미소를 지으며 묵묵히 들어주었다. 한바탕의 추억풀기가 끝나갈 즈음 드디어 내가 살았던 집에 도착했다. 놀랍게도 집은 그 자리에 형체가 남아 있었다. 물론 리모델링으로 겉모습은 바뀌었지만 어릴적 살던 그 집이란걸 알 수 있었다.

차에서 내려 크게 숨을 들이쉬니 어렸을 때 마시던 공기의 맛과 비슷했다. 그때로 돌아간 것 같은 착각을 온몸으로 느끼며 내가 살았던, 행복한 기억을 품고 있는 집을 둘러보았다. 수십 년 세월을 견딘 사실이 무색할 정도로 형체가 남아 있었다. 곳곳에 수리한 흔적들이 있었지만, 그럼에도 우리집이라는 사실을 한 눈에 알아볼 수 있었다. 정다운 담벼락에 손을 얹고 잠시 눈을 감으니 그곳에 서려있는 어린 시절의 추억들이 담벼락의 온기와 함께 전해졌다.

이후에도 한 참을 더 서성이고 나서야 우리는 차를 타고 그 자리를 떠났다. 차가 집이랑 멀어져서 더 이상

리모델링은 되었지만 그 시절의 형체가 남아 있는 어릴적 살던 집

통나무 펜션

집이 보이지 않을 때까지도 나는 사이드 미러에 비친 그 옛날 '우리집'에서 눈을 떼지 못했다. 그리고 어느 유럽에 있을 법한 멋진 '백령도 통나무 펜션'으로 이동했다.

해당화 1

보고 싶다

보고 싶다

백령도 앞바다는

오늘도 저렇게 출렁이는데

너는 어디에...

해당화 2

오월이 오면

너 더욱 그리워라

백령도 바닷가

모진 바람 맞고

오늘도 저 수평선 바라보며

누굴 못잊어

붉은 넋으로 피는가

"잘 있어! 이제는 자주 올게!"

해당화 꽃

해당화 꽃

제 2 부

사랑하는 여동생,
꽃으로 지다

여동생과 나눈 우정

이미 밝힌 바와 같이 동생과 나에게는 여느 자매들의 우애와는 다른 특별한 무엇인가가 있었다. 우리의 사이에는 자매보다는 모녀사이 같은 끈끈한 정이 있었다. 어렸을 때부터 자주 체하는 등 챙겨주고 싶은 욕구를 불러일으켰고, 한편으로는 고집이 세고 자기 주도적인 성격이 나와 너무 비슷하여 편드는 등 우애보다는 '모성애'에 가까운 감정을 갖게 되었던 것 같다. 동생도 그런 나의 태도가 싫지는 않았는지 나의 사랑과 관심을 거부하지 않고 오히려 즐겁게 받아들였다.

어린 시절에는 유난히 사이가 좋고, 어딜 가든 붙어 다니는 나와 동생의 사이를 다른 형제들은 못마땅해 하기 일쑤였다. 항상 형제 간 싸움이 나도 나와 동생이 편을 먹고 나머지 형제들과 싸우는 분위기였다. 지금은 유치해 보이지만 그때 당시에는 말 잘하고 성격도 강한 내 동생만큼 든든한 우군이 또 없었다. 내가 어른이 되어 집을 나오기 전까지 기쁜 일이 있을 때도, 힘든 일이 있을 때도 동생은 항상 내 옆에 있었다.

내가 우리의 사이를 모녀지간 같다고 비유했지만, 언니여서 내가 항상 엄마역할만 한 것은 아니다. 가끔 내가 너무 힘이 들거나 상처를 받았을 때는 그 관계가 뒤바뀌기도 하였다. 그런 날이면, 동생은 축 처진 나를 어떻게든 웃겨보겠다고 괜히 시시한 농담을 던지기도 하고, 꽁꽁 숨겨놓았던 사탕 같은 것을 내밀기도 했다. 내가 기분이 조금 풀려서 어떤 일이 있었는지를 하소연하면 어른스럽게 들어주던 동생이었다.

'그럴 때면 누가 언니고 누가 동생인지는 중요하지 않았다. 나는 동생 앞에서 울기도 하며 그렇게 위로 받았다.'

나이가 점점 들면서 동생의 진취적인 성향이 더욱 두

드러졌다. 무엇이든 자신이 하기로 마음먹으면 끝을 봐야했던 동생은 공부도 곧잘 했다. 공부도 잘하고 성격도 똑 부러지는 동생을 질투하는 친구들이 많았을 텐데도 쾌활한 성격 덕에 교우관계까지 원만하게 학교를 다녔다. 동생의 그런 모습은 나에게도 좋은 자극제가 되었고, 우리는 학년은 다르지만 은근한 라이벌 의식을 느끼며 선의의 경쟁을 벌이기도 하였다.

내가 밤 11시까지 공부를 하면, 11시 반까지 공부를 하고 잠자리에 들어야 직성이 풀리는 동생이었다. 함께 달리기를 할 때도, 어떻게든 나보다 한 걸음을 더 가서야 멈춰 섰다. 동생의 그런 열정과 승부욕을 보면서 나를 비롯한 가족들은 물론이고 이웃들까지 모두가 동생의 밝은 미래는 보장된 것이나 다름없다는 생각을 갖게 되었다.

유년기에 친척들이나 친구들이 동생을 묘사할 때 항상 따라붙던 수식어는 '고집이 센 아이', '한 마디도 지지 않는 아이'였다. 나이가 조금 들고 동생이 고등학생 즈음이 되자 동생의 이름 앞에는 '공부를 참 잘하는 아이', '성실한 아이', '독한 아이'라는 수식어가 붙었다. 승부욕 강하고 진취적이던, 조금 나쁘게 말하면 고집쟁이이던 동생이 나이가 들고 철이 들면서 공부도 잘하고 예의도 바르니 어른들의 마음에 쏙 들 수밖에. 자연스레 수식어도 좋게 바뀌었다.

어렸을 때 동생의 진취적이고 적극적인 성격은 어른이 되어 사회에 나가서 더욱 빛을 발하였다. 30여 년 전, 보험 회사에 취직한 동생은 남다른 실적을 보이며 금세 높은 자리까지 올라갔고, 당시 해외여행이 흔치 않던 시

상처 그 놀라운 치유의 여정

절이었음에도 회사에서 태국으로 여행을 보내줄 정도로 조직에서 인정받는 커리어 우먼이 되었다. 직장에서 벌어들이는 수입도 많았지만, 이미 그때부터 사업가 마인드를 갖고 있던 동생은 부동산 등 각종 재테크에도 눈이 밝아 재산을 크게 불리고 있었다.

그 시절 성공한 커리어 우먼의 상징인 흰색 스텔라 차량을 몰고 버버리 스카프를 휘감고 도심 속을 휘젓는 동생의 모습은 성공한 커리어 우먼의 전형인 듯했다. 오직 앞날에 '승승장구'라는 말만 남아 있을 듯 보였던 동생이 앞으로 어떤 고난을 겪게 될지 그때까지는 아무도 예상하지 못했다.

여동생의 결혼
그리고 사업

1980년대 당시만 해도 결혼 적령기가 굉장히 빨랐다. 우리 또래 여자들은 통상적으로 27살 이전에 결혼했고, 그 이후에도 결혼하지 않으면 으레 '노처녀' 소리를 듣기 마련이었다. 성공한 커리어 우먼이었던 내 동생도 어느새 결혼 적령기의 혼기 꽉 찬 숙녀가 되었고, 잘 생기고 근사한 남자와 결혼을 하게 되었다.

제부는 여동생만큼이나 능력 있고, 또 야망이 있는 남자였다. 지방에 있던 모 대기업에 취직한 제부는 초고속 승진을 거듭하여 당시 동기들 중 가장 빨리 과장이 되었다. 직급이 높아진 만큼 월급도 많이 받았고, 젊은 나이에 좋은 아파트도 마련했다.

자신이 소속한 회사에서 능력을 인정받고 높은 연봉을 받던 동생, 성공적인 투자와 재테크로 돈과 부동산을 여유롭게 가진 동생, 그리고 능력 있는 남편까지 얻은 동생에게 무엇이 더 필요했을까? 그러나 날 때부터 그릇 자체가 남달랐던 동생은 그 정도에 만족하지 않았다. 이미 최고의 자리까지 올라간 회사에서 더는 올라갈 곳이 없다는 판단이 들자 동생은 사업을 결심하게 된다. 한 번 마음을 먹으면 하고야 말았던 어린 시절의 성격이 어디가지 않았는지 최고의 대우를 해주던 회사를 일말의 망설임도 없이 박차고 나와, 자신의 사업을 시작하기에 이르렀다.

지금이야 백화점에만 가도 고급 수입 화장품들이 즐비하지만 당시만 해도 고급 화장품을 구매하는 경로가 그리 다양하지 않았다. 동생은 이런 사실을 정확하게 파악하고 화장품 방문판매 사업을 고려하게 되었다. 얼마 지나지 않아 보험회사에 다니며 수많은 고객을 계약시켰던 경험과 노하우를 살려 당시에 돈 좀 있는 집안의 사모님들 사이에서 인기를 끌었던 프랑스산 화장품의 방문판매 사업을 시작했다.

멀쩡히 잘 다니던 회사를 퇴사하고 사서 고생을 한다고 수군거리던 주변인들의 걱정을 비웃기라도 하듯, 사업은 날개를 단 듯 하루가 다르게 성장했고, 동생이 거느리던 직원들의 숫자도 점점 늘어가기 시작했다.

동생은 어렸을 때 내가 기대한 것보다 훨씬 더 멋있는 사람이 되어 자신의 진가를 마음껏 펼치고 있었다. 언니로서, 또 둘도 없는 소울메이트로서 나는 그런 동생이 너무나 자랑스러웠다. 그리고 동생의 행복이 영원하기를 빌었다. 그러나 '인생은 제로썸(zero sum) 게임'이라는 어느 철학자의 말처럼, 비현실적일 만큼 성공적인 동생의 삶에 균형이라도 맞추려는 듯 그림자가 드리우기 시작했다.

가정의 위기와 아픔

동생과 전화 통화를 할 때면 사업 때문에 다소 피곤한 목소리일 때가 종종 있었지만, 그때도 예외 없이 자신이 이룬 커리어와 화목한 가정에 대한 자부심이 은은하게 묻어 나왔다. 나는 어른이 된 딸을 흐뭇하게 바라보는 어머니의 심정으로 동생의 안부를 묻고, 사업이야기, 만난 사람들 이야기, 조카들 이야기 등을 포함해서 시시콜콜한 이야기까지 주고받았다.

여느 날과 다름없는 평화로운 저녁이었다. 전화벨이 울렸고, 이 시간대에 전화할 사람이 동생밖에 없음을 생각하고는 기쁜 마음으로 수화기를 들었다. 늘 그랬듯 약간은 피곤하지만 특유의 자신감이 묻어 있는 목소리를 기대했던 바람과는 다르게 동생은 흐느끼는 목소리로 나를 불렀다. 뭔가 잘못되었다!

내 목소리는 차분해졌지만 심장이 주체할 수 없을 만큼 빠르게 뛰어 정신마저 아득해졌다. 하지만, 더 급한 건 동생이었다. 감정이 북받쳐서 제대로 말도 하지 못하는 동생을 어르고 달래며 잠시 진정할 시간을 주었다. 흐느낌이 멈추진 않았지만 그래도 대화를 할 수 있는 상태까지 진정이 되자 동생은 천천히 이야기를 시작했다.

그동안 제부와 동생 사이에는 겉으로 아무런 문제가 없어 보였다. 둘 다 성공한 사회인이었고, 서로 사랑하는 관계로 건강한 가정을 이루고 있었으니까 말이다. 그러나 부부의 일은 제 3자가 절대 알 수 없는 법이다. 동생이 한창 사업 때문에 바쁜 하루하루를 보내느라 제부에게 신경을 쓰지 못하고 있었던 때에 사달이 났다. 제부가 종종 부하 직원들과 함께 회식을 할 때 찾던 일식집이 있었는데, 그 집 여사장과 불륜을 벌인 사실이 들통 난 것이었다. 불길한 예감이 그냥 예감으로 끝나지 않고 눈앞에 펼쳐지자 동생은 감당하기 힘든 진실 앞에서 어쩔 줄을 몰라 했다. 생각이 채 정리되기도 전에 제부는 이때다 싶었는지 더 충격적인 행태를 보이기 시작했다. 불륜만으로도 기가 찰 노릇인데, 무릎 꿇고 싹싹 빌어도 모자랄 판에 그 사람이 오히려 뻔뻔하게 이혼을 요구하고 나선 것이었다.

어느 집에서나 부부간 다툼은 있다. 그리고 다투다보면 '살기 싫다'는 둥 '지쳤다'는 둥 막말을 하기도 한다. 나아가 백 번 양보해서 서로 소홀한 나머지 잠시 실수할 수 있다고 이해할 수도 있다. 하지만, 부모로서 자녀들의 아픔을 외면하는 경우는 좀처럼 찾기 어렵다. 오죽하면 "자식 때문에 참고 산다"는 자조가 쉽게 들리겠는가 말이다. 그런데 이미 아들과 딸, 두 아이를 키우는 아버지이기도 했던 제부는 도대체 무엇에 홀린 건지 아이들이 겪을 아픔은 신경도 안 쓰는 듯했다. 마치 꼬리에 불붙은 황소마냥 그저 동생과의 관계를 빨리 끊어버리려 하였다. 그리고 그렇게 막무가내로 동생과 이혼하려는 이유가 고작 지금 만나는 내연녀와 재혼하기 위해서라고 하니, 동생의 심경이 얼마나 고통스러울지 상상조차 어려웠다. 나중에 알게 되었지만, 가장 충격적인 사실은 그 내연녀 또한 유부녀였다는 점이다.

전화로 충격적인 소식을 전해 듣고, 가장 먼저 동생을 위로했다. 가슴이 떨려 무슨 말을 해야 할지 아무 생각도 들지 않았지만, 내 동생이 더 나쁜 생각을 하지 않도록 설득해야 했다. 그리고 제부를 만나 이야기를 듣고 가정으로 돌아오라고 설득하기도 했고, 울화가 치밀어 형제들을 대동하여 내연녀의 집에 쳐들어가기도 하였다. 그러나 바뀌는 것은 하나도 없었다. 이미 동생과 제부의 사이는 돌이킬 수 없는 강을 건넌 상태였고, 차라리 하루라도 빨리 관계를 정리해야 동생이 겪는 아픔을 최소화 할 수 있겠다 싶었다.

그러나 그렇게 미친 듯 동생과 이혼하기 위해 광분하던 제부는 정작 동생이 이혼을 결심한 뒤에도 깔끔하게 떠나지 않았다. 이혼이 자신의 불륜으로부터 비롯되었으니 자신의 귀책사유임에도 불구하고, 즉, 양육비며 생활비에 위자료까지 지급해야 함에도 불구하고 그는 아무 것도 책임지려 하지 않았다. 아니, 책임은커녕 잘 다니고 있던 대기업까지 퇴사하면서 도망을 가버렸다.

그의 치졸함은 거기서 끝나지 않았다. 부부였기에 동생이 사업을 하면서 벌어들인 상당한 돈을 제부의 명의로 된 통장에 입금하여 관리하기도 했는데, 제부가 자신 명의의 통장이라는 점을 악용하여 모두 가져가려고 했던 것이다. 사실상 동생이 개인 사업을 통해 벌어들인 돈임에도 불구하고 법적으로 명의가 제부 이름으로 되어 있으니 두 눈 멀쩡하게 뜬 채로 상당한 자산을 빼앗기고 말았다.

우여곡절 끝에 이혼이 결정되고 동생은 하루아침에 잘나가던 커리어 우먼이자 화목한 가정의 부인에서 남편에게 버려진 이혼녀 신세가 되었다. 더군다나 제부가 자신이 예뻐하던 딸까지 데려가게 되어 동생에게 남겨진 상실감과 아픔은 이루 말할 수가 없었다. 말 그대로 평생 쌓아왔던 모든 것이 모래성 무너지듯 사라져버린 상태에서 동생이 제정신을 유지하길 바라는 게 오히려 무리였을지도 모른다.

하지만, 그대로 두고 볼 수는 없었다. 동행을 위해 내가 할 수 있는 것이라곤 동생을 자주 찾아 위로하고 동생을 위해 기도하는 것밖에 없었지만, 그래서 더욱 나는 한순간도 쉬지 않고 동생이 겪을 아픔들이 여기서 끝이 나기를 기도했다. 그러나 이혼은 앞으로 벌어질 비극의 서막에 불과했다.

이혼 전까지 가정과 사업에서 모두 성공적이었던 동생의 인생은 이혼 이후 거짓말처럼 무너지기 시작했다. 관계했던 모든 분야에서 실패하고 배신당하는 등 어려운 일들이 자꾸 발생했다. 사랑하는 나의 동생은 그렇게 조금씩 무너져갔다.

여동생의 극단적 선택

흔히 아무리 비참한 일이 일어나도 삶은 계속되어야 한다고 말한다. 그건 삶 자체가 소중하기 때문에 어떤 어려움을 만나더라도 인내하고 견디면 결국에는 해결된다고 믿기 때문이다. 나도 그렇게 생각하고 말했던 적이 있지만 사실 어떤 아픔은 사는 것 자체가 고통이기도 하다. 내 동생이 그랬다. 동생은 세상 누구보다 믿고 사랑하던 사람으로부터 배신의 아픔을 겪었다. 부부가 되어 긴 세월을 함께 살고, 두 아이를 낳아 키우며 행복했던 모든 시간들이 고스란히 비수가 되어 돌아와 가슴을 찢는 그 아픔이 얼마나 컸을까! 그 모습을 마주대하는 자체로 이미 나는 감당하기 어려운 고통을 느꼈는데, 동생이 가졌을 절망의 크기는 짐작하기도 어렵다. 하지만, 그렇다고 마냥 절망하고 슬퍼하며 주저앉을 수는 없었다. 삶을 포기하고 싶은 시간이 계속되었지만, 동생은 악착같이 버텨냈다. 무엇보다 자신에게 남은, 자신의 목숨보다 더 소중한 아들이 있었다.

사람이 아무리 힘들어도 죽으란 법은 없듯이, 동생에게도 솟아날 구멍 정도는 남아 있었다. 비록 남편의 배신과 이혼으로 정신적으로 피폐해졌고 제부가 많은 돈을 앗아가면서 경제적으로 큰 타격을 받긴 했지만, 남은 아들을 보며 정신을 추슬렀다. 또 지난 세월 성실하게 살았던 삶을 증명이라도 하듯, 여전히 꽤나 많은 돈이 계좌에 남아 있었다. 뿐만 아니라, 그런 모진 일을 당했음에도 불구하고 동생의 사업가적 기질까지 빼앗긴 것은 아니었다. 동생은 악착 같이 살 궁리를 하며 다시금 사업을 벌이게 된다.

일단 동생은 나쁜 기억들이 가득한 곳을 떠나 아들과 함께 다른 도시로 떠나 터를 잡았다. 그리고 그 지역에서 제일 번화한 거리 한복판에 노래방을 개업했다. 당시 노래방이 전국적으로 호황을 누리기는 했지만 레

드 오션(경쟁자가 많아 포화상태가 된 시장/산업을 '서로 치고받고 싸우느라 핏빛이 된 바다'에 빗대어 레드 오션(Red Ocean)이라고 부른다. 넓은 의미로는 경쟁률이 매우 높고 치열한 시장, 혹은 그러한 상황을 통틀어 이르기도 한다.)이라는 점에서, 이용하는 고객들이 주류를 소비할 수 있는 곳을 여성이 홀로 경영해야 한다는 점 등에서 걱정이 없지 않았지만, 그 노래방은 동생이 가지고 있던 마지막 희망의 불씨였다. 물론 아무리 애써도 전과 똑같아질 수는 없었겠지만, 아들과 함께 행복하게 살기 위해 동생은 최선을 다했다.

당시 노래방 맞은편에는 기획 부동산이 하나 있었다. 동생이 개업을 준비하던 시점부터 눈여겨보던 기획 부동산의 사장이라는 사람이 얼마 지나지 않아서 동생에게 이웃의 정을 넘어선 호감을 보였던 것이다. 비록 두 아이를 낳은 엄마인 데다가, 이혼녀에 대한 사회 일반의 인식이 좋지 않던 시대였지만, 동생은 여전히 젊고 아름다웠다.

부동산 사장은 처음부터 매우 적극적이었다. 동생을 매일 찾아 이야기 상대를 자처한 것도 모자라 때마다 끼니며 이런저런 이벤트를 챙기며 동생의 환심을 샀다. 심지어 동생뿐 아니라 친정어머니와 아버지께도 장녀삼이며 롤렉스시계며 할 것 없이 선물 공세를 퍼부어 댔다.

그런 부동산 사장의 적극적인 호감 표현이 동생도 싫지는 않았던 모양이다. 낯선 타지 생활로 겪는 어려움을 의지할 친구가 되어준 데다가, 남편에게서 받은 마음속 상처를 채워주는 친절함에 동생의 마음이 움직였다. 자기를 뒤로하고 밖으로 놀아나던 전 남편과는 다른 그의 헌신적이고 적극적인 태도에 동생은 점점 빠져 들어갔고, 나도 동생이 다시금 행복해하는 모습을 보며, 잠시 가졌던 일말의 걱정마저 내려놓고, 안도의 한숨을 내쉬었다.

그러나 안도의 한숨이 다시 원망과 걱정의 한숨으로 변하는 데는 그리 오랜 시간이 걸리지 않았다.

부동산이 잘 안 되어 생계에 직격탄을 맞은 그가 동생에게 적잖은 액수의 돈을 빌렸는데 어느 날 갑자기 잠적해버린 것이다. 누구나 예상 가능한, 하지만 결코 경험하고 싶지 않은 배신 드라마의 전형처럼 말이다.

처음부터 동생의 돈을 보고 접근했는지, 혹은 처음에는 진심이었지만 사업이 기울며 마음을 바꿔먹었는지 그의 본심이나 상세한 내막은 알 수 없었다. 그러나 불확실한 가정 중 무엇이 진실인가와는 상관없이, 동생은 두 번째 배신으로 한 사람이 겪을 수 있는 고통의 한계치에 다다르고야 말았다. 이제 동생에게 남은 건 잠적해버린 애인이 남긴 차용증과 앞으로 어떻게 책임져야할 지도 모를 아들뿐이었다.

사실, 이때까지 동생이 겪은 고통만 해도 웬만한 사람들에게는 감당은커녕 일찌감치 삶을 포기했을 만큼 인내의 한계를 넘는 아픔이었다. 남편과 애인에게 받은 두 번의 배신과 경제적 추락, 그리고 그런 상태에서도 자신에게 남은 자식을 책임져야 한다는 중압감. 동생이 어린 몸과 마음으로, 그 모든 고통을 고스란히 홀로 견뎌내야만 했던 것을 회상하면, 지금도 가슴이 답답하고 눈물이 나온다. 그때 얼마나 힘들었을까? 이 세상이 얼마나 밉고 원통했을까?

그 즈음부터 나는 더 이상 동생의 행복을 빌지 않았다. 연속된 아픔들과 절망에 빠진 동생에게 아무런 위로나 대안이 되어주지 못하면서, 그저 말로나 생각으로 행복을 비는 행위 자체가 위선으로 또 기만으로 느껴졌기 때문이다. 그래서 나는 다만 동생이 더는 불행해지지 않기만을 바랐다. 어제보다 행복한 오늘을 바라는 대신, 내일은 지금보다 더한 아픔을 겪지 않았으면 하는 마음이었다.

동생은 상상할 수 없는 큰 고통들을 묵묵히 견디며 간신히 삶의 끈을 이어가고 있었다. 예전처럼 행복해지지는 못했지만 특별한 사건 없이 하루하루를 버텨나갔다. 나는 멋진 커리어 우먼이 아니더라도, 동생이 견디고 있다는 사실만으로도 너무 감사했다. 아니, 동생이 살아서 내 곁에 있다는 것만으로도 더 바랄 것이 없었다. 하지만, 조용한 일상도 얼마 가지 않았다. 동생의 불행은 도무지 끝날 기미가 없어 보였다.

제부가 데려간 조카딸이 자살했다는 비보가 전해졌다. 억장이 무너졌다.

조카는, 부모의 이혼으로 무척이나 힘들어 했었다. 동생이 이혼할 당시 조카는 고작 초등학교 6학년밖에 되지 않은 어린 소녀였다. 그 어린이에게 아버지의 불륜과 그로 인한 부모의 이혼이 빚은 가정의 파괴는 견디기 힘든 고통과 상처를 남겼다. 비록 어린 조카가 전혀 상황을 모르는 듯 애써 무덤덤한 표정으로 자신의 고통을 감추려고 했지만, 그런 모습조차 이모인 나에게는 가슴을 찢는 슬픔으로 다가왔다. 한번은 이혼이 진행중이던 때 나는 조카들을 데리고 경치 좋은 절에 데려갔었다. 잠시라도 좋은 풍경과 경건한 분위기 속에서 아픔을 삭일 수 있는 시간을 주고 싶었기 때문이다. 조카딸은 그때 막내 이모가 선물한 파란색 패딩을 입고 있었다. 어렸을 때부터 말수가 적었었지만 그날의 침묵은 여느 때와는 달랐다. 아무리 내가 어른이고 이모라지만 당사자가 겪을 고통을 모두 헤아릴 수는 없었다. 조카딸은 그렇게 무표정으로 먼 산만을 바라보았고, 그것이 내가 만난 마지막 날이 되고 말았다.

제 아버지의 손에 맡겨진 이후로는 조카딸을 다시 볼 수 없었다. 간간히 들리는 소식으로 어엿한 직장인이 됐다는 것만 알고 있었다. 당장은 볼 수 없을지라도 다시 만날 때는 반갑게 맞아 주리라 마음먹으며 이모로서 묵묵히 응원하였다. 그런데 그런 다짐을 내보이기도 전에, 갑자기 들려온 소식이 조카딸의 죽음이라니……, 하늘도 정말 무심했다.

　장례식에는 조카딸의 아빠, 그러니까 동생의 전남편이 먼저 도착해 있었다. 행색이 남루하여 보잘 것 없어 보였다. 근황을 알아보니 동생과 이혼 후에 마트 사업을 시작했는데, 동업자에게 사기를 당해 형편이 완전히 기울었다고 했다. 재혼은 당연히 물 건너갔고 그에게 남겨진 거라곤 빚과 딸밖에 없었다. 가뜩이나 상처가 깊은 조카딸은 아버지의 무능함으로 생활고까지 겪으며 살아왔지만 견디다 못해 생을 버리는 선택을 했던 것이다. 제부는 그렇게 딸마저 잃었다.

◦상처 그 놀라운 치유의 여정

  내 동생 인생을 깡그리 망쳐놓고도 잘 살기를 바라지
않았지만, 정작 본인도 비참하게 살고 있는 모습을 보니,
딸을 잃고 세상을 잃은 듯 절망하고 있는 그를 보니 '고
작 이러려고 그렇게 광분하여 이혼을 요구했었나?'라고
질타하고 싶은 분노가 생기기도 했다. 하지만, 다른 한편
으로는 '아내를 불행하게 만들고 네가 얼마나 행복할 수
있었겠나?'라는 생각에, 기구한 그의 삶에 동정심도 들
었다. 지갑에 있는 현금을 몽땅 그에게 쥐어주었다. 이제
다시는 볼 일이 없을 거라는 생각과 함께 그에 대한 원망

과 화를 털어버리는 차원에서 그렇게 하였다.

젊은 나이에 삶을 등진 조카딸이 너무 안타까웠지만, 나는 곧 슬픈 마음을 추스르고 동생을 걱정해야 했다. 죽은 조카보다도 그 때문에 힘들어 할 동생의 마음이 더욱 우려되었다. 아니나 다를까 동생은 이미 정상이 아니었다. 자신이 이뤄낸 모든 것을 하나도 빠짐없이 빼앗아가는 조물주가 또 세상이 원망스러운지 모두 체념한 얼굴을 하고 있었다.

사람은 극한의 슬픔과 고통에 달하면 오히려 무덤덤해진다. 이미 한계를 넘어선 상태에서 감정을 표현하는 것은 그야말로 사치일 밖에 없다. 조카딸의 죽음이 있고 3개월 뒤, 내 동생은 자신의 목숨마저 빼앗겼다. 아니, 정확히 말하자면 자신의 목숨만큼은 본인 스스로 져버렸다. 같이 살던 아들이 예비군 훈련을 갔다 집에 와보니, 이미 동생은 스스로 약물을 과다 복용하여 사경을 헤매고 있는 상태였다.

동생은 그렇게 기구한 삶의 마침표를 스스로 찍어버렸다.

제 3 부

두 꽃잎마저 지고,
불면은 강물처럼
밀려오고

동생의 죽음을 목도하다

한번은 동생이 생을 등지기 전에 조카에게서 연락이 왔었다.

"이모, 어머니께서 너무 우울해 하셔요. 하루 종일 침대에만 누워계시고 식사도 잘 안하세요. 괜찮으면 저희 어머니 잠깐이라도 이모 댁에 계시면 안 될까요?"

돈독하기 그지없는 나와 동생의 사이를 조카도 잘 알고 있는지라 이런 부탁을 해온 것이다. 조카는 무척이나 미안한 말투였지만 나는 흔쾌히 오라고 응했다. 사실 난 조카딸이 죽고 난 이후 혹여나 동생이 극단적인 선택을 할까싶어 줄곧 동생을 걱정해 왔기 때문에 조카의 부탁이 오히려 반가웠다.

　동생은 이튿날 서울에 있는 우리 집으로 왔다. 동생은 나를 보자 웃어보였지만 이미 그 눈동자에 삶에 대한 애착이나 의지는 조금도 남아 있지 않았다. 잠시 스친 그 메마른 웃음조차 나를 보고 반사적으로 지은 웃음이었으리라.

　어렸을 적 그렇게 총명하고 밝던 아이는 어디 갔는지, 항상 당차고 열정적이던 말괄량이는 어디에 있는지, 때로는 친구처럼 때로는 엄마처럼 든든하게 내편을 들어주던 동생이 삶에 아무런 미련조차 없는 듯 이렇게 망가진 모습을 보니, 그 모든 아픔이 다 내 탓인 양 미안한 감정이 솟구쳤다.

　동생은 당초 며칠간만 머무르고 다시 내려갈 계획이었으나, 나는 동생을 그렇게 돌려보낼 수 없었다. 동생은 내 고집 때문에 꼬박 한 달을 우리 집에서 머물렀다. 잠시라도 밝고 쾌활하던 동생의 모습을 다시 보고 싶어서, 아주 조금씩이라도 삶에 대한 애착을 다시 가지도록 돕고 싶어서, 나는 동생이 좋아할 만한 곳을 찾아 데리고 다녔다. 그때마다 동생은 고맙다고 인사하고 메마른 웃음이라도 지어 보였지만, 나에게는 동생의 감사 인사와 미소가 더욱 아프게 다가왔다. 동생은 언니의 노력에 고마워했지만, 어떤 좋은 음식이나 장소를 찾아도 큰 의미를 찾지 못하는 듯했다. 한 달 간을 꼬박 데리고 있으면서 상태가 나아지도록 갖은 노력을 다했지만 상황은 전혀 호전되지 않았다. 결국, 당장 동생에게 필요한 것은 휴식이라는 판단 아래 다시 집으로 돌려보냈다. 불안하고 안타까운 결정이었지만 달리 다른 대안이 있지도 않았다.

그렇게 동생을 내려 보내고 1주일 뒤, 조카에게 받은 전화는 나를 절망과 공포로 밀어 넣었다.

"엄마가 약물과다 복용으로 사경을 헤매고 계시는데 곧 돌아가실 것 같아요."

너무 충격적인 소식에 아무 생각도 할 수 없었고, 꿈인지 현실인지조차 분간할 수 없었다. 눈물은커녕 그 어떠한 감정의 표현도 나오지 않았다. 간신히 정신을 차리고 급하게 다른 형제들한테 소식을 전했다. 급하게 최소한의 짐만 캐리어에 실은 채로 차를 타고 동생이 있는 병원으로 향했다.

'세상에 내 동생이 자살을 시도하다니. 그 강하고 건강했던 동생이 얼마나 힘들면 스스로 목숨을 끊으려고 했을까…….'

동생에게 가는 내내 실감이 나지 않았다. 분명 조카딸의 죽음 이후 최악의 사태로 이런 일이 일어날 수도 있겠다는 가정(假定)을 안 해본 것은 아니지만, 좀처럼 이 상황을 받아들이기 어려웠다. 이제껏 살면서 '최악'이라고 불릴만한 일들이 여럿 있었지만, 동생이 스스로 삶을 마감하는 것과 같은 일은 없었고, 또 절대 일어나서는 안 된다는 믿음도, 결코 일어나지 않으리라는 확신도 있었다. 그런데 나의 믿음과 확신이 휴지조각이 되고 말았다.

"가여운 내 동생, 원통하고 불쌍한 내 동생 어떡해……"

동생은 이미 우리 집에 오기 전부터 세상과의 작별을

준비하고 있었는지도 모른다. 한 달간 내 곁에 머물면서 동생이 보여준 얼굴이며 행동 하나하나가 다시금 떠오르며 나를 아프게 했다.

  '이별을 준비하는 줄도 모르고……'

조카가 예비군 훈련을 위해 집을 나서고 얼마 지나지 않아 동생은 준비해둔 약들을 꺼내어 먹었다. 아마도 조용히, 그러나 확실하게 삶을 마무리 하려고 했던 듯하다. 하지만, 괴로운 삶으로부터 도망치기 위해 선택한 죽음 조차도 그리 편안하지는 않았다. 조카가 집에 돌아와서 마주한 현장은 '아수라장' 그 자체였다.

죽음에 이르기까지 동생은 속이 뒤틀리는 고통을 겪으며 피를 토하며 방을 온통 헤집어 놓았다고 했다. 조카의 신고로 동생은 곧바로 응급실로 이송되었지만 이미 가망은 없는 상태였다. 숨만 붙어 있을 뿐, 되살리기는 힘들다는 판정을 받았다. 남편의 배신과 이혼, 이어진 사업 실패, 애인의 배신, 딸의 죽음이 쉼 없이 몰아치며 동생을 절망의 나락으로 떨어뜨리자, 그 강하던 동생도 점점 힘을 잃고 약해져서 결국엔 스스로 목숨을 끊게 되었던 것이다.

병원 응급실로 언니네 가족과 함께 차를 타고 내려가면서 간신히 정신을 차리고 보니 그제야 동생을 다시는 만나지 못할 수도 있다는 생각이 들자 눈물이 하염없이 흘렀다. 내 소중한 동생, 애처로운 동생이, 가장 아름답고 가장 행복해야 할 시기에 온갖 고통만 겪다가 이렇게 허무하게 가버린다는 현실이 너무나 원통했다. 내려가는 그 몇 시간이 마치 영겁의 시간처럼 길게 느껴졌다. 가는 내내 제발 동생이 무사하기를, 아니 적어도 목숨만이라도 붙어 있기를 간절히 바라고 기도했다.

막 병원 정문을 통과하는데, 조카에게서 연락이 왔다.

"어머니 방금 돌아가셨어요..."

그렇게 동생은 우리를 기다리지 못하고 서둘러 이승을 떠났다. 동생의 마지막 모습을 보지도 못한 채, 그렇게 허무하게, 나의 소울 메이트 동생을 떠나보내야 했다.

여동생에게

너는 참 예뻤지
너는 참 밝았지
네 눈은 별처럼 빛났지

저 하늘의 별들은 그대로인데
너는 어디에...

장례식장, 마비된 사지.

　동생을 만나기 직전인데 동생은 이미 세상을 떠나고 말았다. 동생의 온기가 조금이라도 남아 있을 때 손이라도 꼭 잡아주고자 했는데 하늘은 그것마저 허락하지 않았다. 단전에서부터 감당할 수 없는 슬픔과 울화가 치밀어 올라옴을 느꼈다. 그동안 밝고 긍정적인 감정에만 익숙했던지라 이런 슬픔을 어떻게 받아들여야 하는지 너무나 낯설고 두려웠다. 나는 난생 처음 겪는 너무도 큰 슬픔에 압도당해 순간 사지가 마비되고 말았다.

　동생의 사망 소식을 전해들은 바로 그 순간, 내 감정과 육체는 이미 나의 통제를 벗어나 내가 어찌할 수 있는 상태가 아니었다. 다리에 힘이 풀려 걸을 수 없었고, 나의 의지와는 상관없이 비명에 가까운 울음소리가 터져 나왔

　　　　　　　　　　◦ 상처 그 놀라운 치유의 여정

다. 지금도 그때 내가 어떻게 병실까지 걸어갔는지 무슨 말을 했는지 아무런 기억이 나지 않을 정도이니 말이다. 격한 감정에 휩싸여 내 몸에 대한 통제권을 잃는 경험은 이때가 처음이자 마지막이었다.

'혹시라도', 혹시라도 살아있을지도 모른다는 일말의 희망의 불씨마저 눈앞에서 차갑게 식어가는 동생의 시신을 확인하면서 꺼져버렸다. 인정해야 했지만, 도저히 인정할 수가 없었다. 세상에 얼마나 악한 사람들이 많은데, 세상에 얼마나 못된 사람들이 많은데, 동생을 아프게 하고 배신한 사람도 멀쩡히 잘 사는데, 하필 세상에서 제일 착한 내 동생이, 온 세상보다 더욱 귀한 내 동생이 왜 이승에서 온갖 고통에 시달리다가 이렇게 허무하게 가버려야만 하는지 나는 도저히 이해할 수가 없었다.

세상 모든 일이 내 뜻대로 되지 않는다는 건 나 역시 누구보다 잘 안다. 지난날 크고 작은 실패들을 경험하면서 삶은 결코 내가 기도하고 바라는 대로만 흘러가지 않는다는 사실을 배웠다. 그럼에도 불구하고, 나는 하늘이 내 동생의 목숨만큼은 이렇게 허무하게 가져가면 안 된다고 생각했다.

'불쌍한 내 동생, 불쌍한 내 동생...'

온 몸에 힘이 풀리고 울음이 멈추질 않아서 입 밖으로는 아무 소리도 꺼내지 못했다. 그저 마음속으로 계속 '불쌍한 내 동생'을 외쳤다. 찬란한 아침 해처럼 빛나던 내 동생은 어디로 가고, 차갑게 식은 시신만 남아서 이제 다시는 볼 수 없는 현실을 인정하도록 강요하고 있었다.

나는 견딜 수 없는 슬픔에 젖어, 떼를 쓰는 아이마냥 발버둥 치며 울었다. 이렇게 크게, 절절하게 울면 하늘이 다시 동생을 돌려 보내줄지도 모른다는 억지를 부리며 목이 쉬어 소리가 나지 않을 때까지 목 놓아 울었다. 하지만 아무리 떼를 써도, 목소리가 아예 나오지 않을 때까지 울어도, 하늘은 아무런 대답이 없었다. 결국 동생은 영영 우리의 곁을 떠났다.

누가 영정 사진을 구해왔는지, 사진 속 동생은 젊고 아름다웠던 시절의 모습 그대로였다.

'그래, 내 동생은 저렇게 행복한 미소를 짓는, 남 부러울 것 없이 행복하고 빛나는 여자인데……'

사진 속 동생과 이야기라도 주고받는 듯, 동생의 젊은 시절을 회상하자 나는 더욱 설움에 북받쳐 몸서리 치며 통곡했다. 불과 십수 년 만에, 완벽해 보였던 동생의 삶이 처절하게 무너지며 이렇게 나락으로 떨어질 줄 누가 알았겠는가 말이다. '막장'이 판을 치는 한국 드라마에서조차 이런 얘기는 본 적이 없었다. 저렇게 환히 웃고 있는 동생의 모습을 이제는 오직 사진 몇 장으로만, 그저 기억 속에서만 볼 수 있을 거라는 생각이 들자 애써 참았던 눈물이 다시 터지고야 말았다.

처음에는 한 방울, 두 방울 뚝뚝 떨어지던 눈물은 이내 홍수와 같은 눈물이 되었고, 나는 빈소가 떠나가라 오열하기 시작했다. 그때 처음으로 알았다. 사람이 너무 강력한 감정과 맞닥뜨리게 되면 온몸의 통제권을 그 감정에게 빼앗기고 만다는 사실을 말이다. 한 마디로 내 몸이 내 것이 아닌 상태가 된다.

진이 빠지도록 울음을 이어가자 처음에는 탈진하듯 몸의 힘이 풀리더니 이내 팔다리에 경련이 일며 몸이 마비되었다. 눈물은 계속 나오고 속 안에선 감정의 파도가 휩쓸고 있는데 몸까지 마비되어 내가 내 몸을 가눌 수도 없게 되었다. 결국 견디지 못하고 바닥에 쓰러졌다. 너무나 두려웠지만 입 밖으로 신음조차 나오지 않았다.

　마침 그 광경을 보고 있던 조카의 친구들이 헐레벌떡 달려와 쓰러진 나를 눕히고 팔과 다리를 주물러 주었다. 그 덩치 좋은 사내들이 어찌나 세게 주물렀는지 팔과 다리 곳곳에 시커먼 피멍이 생겨 장례 후 며칠 동안 통증에 시달리며 잠도 제대로 들지 못하기도 했다. 그러나 그 순간에는 팔다리의 통증쯤은 아무것도 아니었다. 동생의 죽음 이후 내 정신은 손 쓸 수도 없이 망가져갔다.

환각과 불면증의 나날

'건강한 정신은 건강한 육체에서 나온다.'

학창시절 체육시간에 많이 들었던 말이다. 선생님들은 종종 운동과 신체 건강의 중요성을 강조하기 위해 이 말을 인용한다. 하지만, 이 말이 본래 나타내고자 했던 바는 '정신과 신체 사이 관계의 긴밀함'이다.

일반적으로 사람들은 정신적으로 힘들면 병원의 정신과를 찾아 치료받거나 여러 상담센터를 찾아 상담을 받는다. 또 한편으로 몸이 아프면 외과나 내과에 가서 치료 받는 것을 상식으로 여긴다. 이러한 경향은 인간의 정신과 육체를 따로 나누어서 생각하는 결과인데, 사실 우리의 정신과 육체의 관계는 그렇게 무 자르듯 나누어 생각할 수 없다.

아마도 누구나 육체의 고통이 육체에서 그치지 않고 정신의 고통으로 이어지는 경험을 한 번 이상은 해보았을 것이다. 굳이 '외상후스트레스장애'(PTSD)와 같은 전문 용어를 찾아보지 않아도, 우리 사회는 한국전쟁과 베트남전쟁 등에 참전했다가 부상으로 장애를 입고 전역한 용사들, 또 불의의 사고로 후천적 장애인이 된 사람들을 통해 심각한 육체적 훼손이 야기하는 정신적 문제들에 대해 많은 것을 알고 있다. 하지만, 반대로 정신적 고통이 육체의 고통으로 이어지는 정반대의 경우에 대해서는 그리 많이 알고 있지는 않은 듯하다. 나는 그 이유를 두 가지로 생각해봤는데, 첫 번째는 그만한 정신적 고통을 아직 겪어보지 않아서이고, 두 번째는 이미 몸이 아픔을 느끼고 있음에도 불구하고 그 원인이 정신적 아픔에서 비롯된 것이라는 사실을 모르거나 애써 부정하는 경우이다.

나의 경우는 첫 번째 이유에 해당하는데, 나는 그동안 정신의 아픔이 몸의 아픔으로 이어질 수도 있다는 걸 모른 채로 살아왔다. 내 삶은 대체로 큰 어려움 없이 너무나도 잘 흘러가고 있었다. 그리 부유하지 않은 집안이었지만 현명하고 성실한 부모님 덕분에 가난을 실감하기는커녕 오히려 풍족하게 자랐고 쾌활하고 긍정적인 성격 덕에 인간관계의 양(量)과 질(質) 모두 양호했다. 사회인으로서의 커리어도 흠잡을 것이 없었고 아들과 딸은 너무 훌륭한 어른으로 자라주었다.

운이 좋게도, 간혹 자그마한 오르내림은 있었어도, 인생을 좌지우지할 커다란 시련은 없었다. 그래서 나는 계속 탄탄대로만 걷다가 행복하게 눈을 감을 줄만 알았다. 적어도 동생에게 불행이 닥치기 전까지는 그렇게 확신하며 살았다.

동생의 불행을 보며 시작된 고통이나 동생의 주검을 앞에 두고 겪은 비통함도 감히 필설로는 설명이 불가능한 것이었지만 정작 진짜 고통은 동생의 장례식이 끝난 이후부터 시작되었다. 애써 외면하며 참고 가슴 한 곳에 차곡차곡 쌓아 두었던 고통이 한꺼번에 터져 버렸던 것이다. 동생의 비극이 시작되었던, 그러니까 제부가 불륜을 저질렀던 순간부터 동생이 이혼하고 타지로 도망치듯 떠나야 했던 일들, 다시 부동산 사장에게 배신당하고, 금쪽같은 딸마저 잃고 말았던 순간들, 그때마다 내 가슴을 쌓아둔 동생에 대한 걱정과 세상에 대한 원망들이 마침내 거대한 고통의 성벽이 되어 내 육체를 무너뜨렸다.

하지만 나는 내 마음속에서 고통의 벽돌이 한 장 한 장 쌓이고 있는 것을 전혀 눈치 채지 못했다. 그저 동생을 걱정하느라 정작 내 자신을 돌보지 못했던 것이다. 심지어 조카딸이 죽었을 때에도, 나는 온전히 슬퍼하지 못했다. 아니 조카딸의 죽음으로 내 마음속에 생긴 깊은 상처를 치료할 엄두도 내지 못했다. 엄마를 닮아 총명하고 사랑스러웠던 그 아이가 허망하게 세상을 떠났다는 사실에 슬퍼하며 그 여파로 절망할 동생을 먼저 걱정했을 뿐 내 마음에서 나를 병들게 하는 아픔은 미처 신경 쓰지 못했다.

주인이 신경 쓰지 않는 땅에는 온갖 것들이 마구잡이로 자라는 법이다. 주인의 무관심 속에 내 마음도 그렇게 병들어 갔었나 보다. 내 정신이 온통 동생에게 쏠려 있을 때, 미처 해소되지 못한 감정들은 얽히고 설켜서 마음 한 구석에 해괴하게 쌓여버렸다. 그리고 동생이 사라져버린 뒤에야, 마음이 고통을 참다못해 비명을 지르기 시작하고서야 간신히 깨달았지만, 이미 손쓸 수 없는 지경으로 엉망이 된 상황이었다.

몇 년간 동생과 관련된 문제로 곪았던 마음속 상처들

'건강한 정신은
건강한 육체에서 나온다.'

이 더 이상 참지 못하고 터져서 온몸 곳곳에서 병을 일으키기 시작했다. 마치 무관심한 주인에게 반란이라도 일으키듯 몸 구석구석에서 이상 징후가 발견되었다.

첫 번째로 잠을 제대로 이룰 수가 없었다. 주위가 조금이라도 조용해지면 동생에 대한 사무치는 그리움과 이유없는 죄책감, 원통함, 분함 등의 부정적인 감정과 생각들이 쉴 새 없이 나를 괴롭혔다. 그렇고 보니 제대로 잠을 잘 수 있을 리가 만무했다. 심지어 눈물로 밤을 새기가 일쑤였다. 그런 나를 남편이 이해해 주었기에 망정이지, 만약 남편이 조금이라도 예민하거나 속이 좁은 사람이었다면 나에게도 더 심각한 문제가 발생할 수 있었을 것이다. 그런데, 그렇게 심각한 불면증은 고작 앞으로 있을 여러 문제들에 대한 신호탄에 불과했다.

불면증의 고통이 사라질 즈음, 이번에는 눈이 급격하게 나빠지기 시작했다. 주변 사람들은 중년의 나이에 노안이 온 것이라며 심각하게 걱정할 필요는 없다고 위로했지만 사실 나는 몇 년 전에 이미 시력교정수술을 받았다. 극심한 스트레스로 인해 시력이 뚝뚝 떨어져 다시 안경을 써야하는 신세가 되었던 것이다.

마음의 병은 내 외모마저 바꿔버렸다. 감옥에 갇힌 마리 앙투아네트의 머리카락이 하룻밤 사이에 모두 하얗게 셌다는 이야기가 있다. 나는 그 이야기가 평생을 귀족으로 살아왔던 마리 앙투아네트가 하루 아침에 죄인의 신분으로 감옥에 갇히며 받았을 정신적 고통을 상징적으로 표현하기 위한 과장이라고 생각했었다. 그러나 똑같은 현상이 나에게 일어나자 그 이야기가 사실이로구나 하고 생각을 바꾸게 되었다. 물론 마리 앙투아네트처럼 하룻밤 만에 흰머리로 변하지는 않았지만, 불과 몇 달 사이에 내 머리는 백발에 가깝게 변하였다. 동생이 세상을 등졌을 때 나는 이미 지천명(쉰)을 넘었었지만, 새치를 걱정할 정도는 아니었다. 오히려 염색하는 친구들의 부러움을 사며 건강한 모발을 자랑할 정도였다. 하지만, 급격한 스트레스는 나를 백발로 만들어버렸다.

몸은 하루가 다르게 망가져 갔고, 눈물은 도무지 멈출 생각을 안 하고, 마음속 고통과 아픔이 줄거나 사라지기는커녕 시간이 지날수록 점점 커지는 듯했다. 만약 누군가가 내 인생에서 가장 힘들고 고통스러웠던 시간이 언제냐고 묻는다면 나는 주저 없이 그때를 꼽는다.

남겨진 조카와의 애증

앞에서 말한 바와 같이, 동생의 죽음은 미리 계획된 것이었다. 계획된 죽음이라는 사실은 어렵지 않게 알 수 있었는데, 동생의 방에서 유서가 나왔기 때문이다. 나에게 남긴 유서의 내용은 간단했다. 남겨진 조카를 아들로 받아달라는 부탁이었다.

허망하게 삶을 마감한 내 피붙이의 부탁인데 내가 어떻게 거절할 수 있겠는가! 동생의 장례가 끝나자마자 나는 조카를 설득했다. 당시 사업장과 가까웠던 개포동에 위치한 고시텔에 들어갔다. 조카가 서울에 올라오고 난 뒤 동생의 첫 제사를 올릴 때가 되었다. 제사용 음식과 제기들을 준비해서 조카가 살고 있는 고시텔에 들렀는데 너무나 열악한 환경에 마음이 아팠다.

좁디좁은 방은 제사상을 차리고 나니 절을 할 공간마저 나오지 않았다. 빛도 제대로 들지 않는 그 조그마한 방에서 조카는 혼자 외로움을 삭이고 있었다. 동생이 이런 모습을 하늘에서 지켜볼 생각을 하니 마음이 찢어지는 기분이었다. 나는 제사를 마치고 조카를 집으로 데려왔다.

조카를 친아들처럼 받아들일 각오로 데려왔다. 너무 고맙게도 남편도 흔쾌히 동의해 주었고, 아들과 딸도 자신들의 사촌을 친형제로 받아들이기 위해 부단히도 노력했다. 하지만, 한가족이 되는 열쇠는 조카가 쥐고 있었고, 조카는 쉽게 마음의 문을 열지 못했다.

조카와 동생 사이에는 일반적인 모자관계보다도 훨씬 강한 유대감이 있었다. 그도 그럴 것이 제부와 동생이 이혼한 후, 조카에게나 동생에게 믿고 의지할 가족이이라곤 둘밖에 없었기 때문이다. 모든 게 무너진 상황에서도 서로 부둥켜안으며 의지했던 모자(母子)였는데, 조카의 입장에서는 유일하게 의지했던 단 한 사람마저 한순간에 사라진 것이었다. 때문에 조카의 반응이 당연하게 여겨지기도 했지만, 그걸 지켜보는 내 입장에서는 피가 마르는 노릇이기도 했다.

　나에게 조카는 동생이 남기고 간 마지막 부탁이었고, 그래서 동생에 대한 애잔함과 아쉬움을 풀 유일한 방법도 역시 조카를 행복하게 해주는 것이라고 믿었다. 그러나 이제와 생각해보니, 그 당시 나는 책임감과 연민으로, 조카가 겪고 있을 부담감과 상실감을 제대로 헤아리지 못했었다.

　딸이 당시 강남에서 어학원을 겸한 유학 컨설팅 업체를 운영하고 있었다. 그래서 장성한 조카에게 이 회사의 부원장 자리를 주면서 적지 않은 연봉을 주었다. 관련 직종에서 근무한 경력이 없는 조카를 그 자리에 데려다 앉힌 이유는 간단했다. 장성한 조카의 자립을 돕기 위해서였다. 이미 서른이 넘은 조카가 마음의 벽을 허물고 한 가족이 되기에는 무리가 따랐다. 그렇다고 동생의 부탁을 저버릴 수는 없는 노릇이었다. 때문에 숙고 끝에 절충안으로 낸 것이 일자리를 줄 테니 자립할 수 있을 때까지 우리 집에서 같이 살자는 제안이었다. 무엇을 얘기하던 시큰둥했던 조카는 이 제안도 아무런 감정의 동요 없이

　　　　　　　*상처 그 놀라운 치유의 여정

받아들였다.

나는 조카가 금방 돈을 모아 독립하여 자신의 인생을 살아갈 줄만 알았다. 그러나 그런 기대와는 다르게, 마음의 병이 깊어진 조카는 애초에 돈을 모아 자립하는 데에 관심이 없었다. 조카는 주말마다 외박을 하며 돈을 버는 족족 써버렸다. 동생과 어머니를 잃은 상실감 때문이었는지 한 여성을 길게 만나지 못하고, 자주 여자 친구를 바꾸기도 하였다. 날이 갈수록 심각해지는 조울증으로 헐떡거리는 조카의 모습을 지켜보고 있기가 너무 괴로웠다. 또 우리를 진정한 가족으로 받아들이기는 커녕 겉도는 조카를 그대로 방치할 수만도 없었다.

나는 당시 대학원에 진학해 정신치료학을 전공하고 있었다. 정신치료에 대한 일반적인 내용을 배워 알고 있었지만 동생의 죽음 이후에 보다 전문적으로 정신치료를 배우기 위해서였다. 그리고 마침 대학원 수업 중 최면 강의를 듣게 되었고 수업에서 만난 교수님께 조카의 상태를 점검해달라고 간곡히 부탁드렸다. 상담을 마친 후 교수님께서는 조카와 죽은 동생 간의 애착관계가 상당하여 조카가 겪고 있는 상실감이 어마어마하게 크다는 진단을 내렸다. 또 그러한 상실감을 메꾸어 정상의 삶으로 돌아오기 위해선 엄청나게 많은 시간과 노력이 필요하다고 말씀하셨다.

동생의 마지막 부탁인데 … 시간과 노력은 얼마든지 쏟아 부울 수 있었다. 조카의 상태가 호전되기만 한다면 얼마든지, 시간이든 노력이든 돈이든 간에 모든 걸 해줄 마음의 준비가 되어있었다. 그러나 나의 간절함이 조카에게까지 통하지는 못했는지 조카는 첫 상담 이후에는 교수님을 뵈러가지 않았다. 큰 맘 먹고 보살피며 베푼 호의들이 차례로 거절당하고 심지어 무시를 당하기까지 하면서 자연히 나도 지쳐갔다. 나도 아픈데, 나도 힘든데, 그런 내 맘을 알려고 하지도 않고, 마음의 문을 점점 더 굳게 닫아버리는 조카 앞에서 나의 인내심도 한계를 드러내기 시작했다.

온 가족이 있는 힘껏 조카를 배려하며 가족이 되려고 했지만 조카는 항상 우리를 퉁명스럽게 대했다. 특히 미국에서 대학을 졸업하고 돌아온 아들은 조카에게 1년 동안이나 자기 방을 내어주고 거실 소파에서 잠을 자야 했다. 요구하지 않았는데도 스스로 자청한 아들이 기특하

준비도 되지 않은 상태에서
맞은 연이은 이별은 마음의 병을 더 깊게 하였고,
나는 하루하루 약해져만 갔다.

고 고맙기도 했지만, 불편하게 웅크려 자는 아들을 볼 때마다 한편으로는 안쓰럽기도 했다. 그런 아들에게조차 조카는 먼저 말을 걸지도 않았고 같이 무얼 한 적도 없었다. 아무리 노력해도 전혀 바뀔 기미가 보이지 않는 조카를 붙잡고 계속해서 부담만 주고 있다는 생각에 이르자 무언가 중대한 결심을 해야 할 순간에 이르렀음을 깨닫게 되었다.

그래서 나는 조카에게 독립을 권유했다. 조카는 우리 집에 들어왔을 때와 마찬가지로 아무런 감정의 동요도 보이지 않고 순순히 집을 나섰다. 세상만사가 내 맘대로 안 된다지만 사람의 마음만큼이나 어려운 것이 또 있을까 싶었다. 쓸쓸해 보이는 조카의 뒷모습을 보고 있자니 동생의 부탁을 끝까지 들어주지 못해 미안한 감정이 올라왔다. 우리는 진심으로 조카의 행복을 빌어 주었다.

조카는 강아지 한 마리를 키우고 있었다. 자신의 마지막 가족으로 우리가 아닌 그 강아지를 받아들인 모양이었다. 얼마나 애지중지 키웠던지 본인을 거두어 준 우리보다도 그 강아지를 더 좋아하는 듯했다. 그런데 조카가 그렇게나 애정하며 의지하던 강아지가 조카의 독립 후 얼마 지나지 않아서 무지개다리를 건너갔다. 그리고 이것이 또 한 번의 큰 아픔을 겪게 되는 시작이 될 것이라곤 당시에는 짐작도 못했다.

이제 조카는 세상에 완전히 혼자 남겨졌다. 아버지도, 어머니도, 동생도, 심지어는 강아지마저도 자신의 곁을 떠났다. 그에게는 더 이상 살아갈 이유가 없었고, 오히려 먼저 떠나간 자기의 가족들을 보러 가는 편이 낫다고 판단했던 모양이다.

조카는 강아지를 떠나보내고 며칠 후 돌연 학원을 그만두었다. 그리고는 잠시 쉬고 오겠다는 말을 남기고 지방으로 내려갔다. 그것이 조카의 마지막 모습이었고, 그는 우울증을 극복하지 못하고 스스로 목숨을 끊었다. 어머니를 떠나보내고 7년을 버티다가…….

그 시간동안 한 가족이 되자며 붙들고 있었던 일이 조카를 더 힘들게 했던 것 같아서 미안하고 후회되었다. 서운한 마음도 적지 않았다. 나도 내 가족들도 7년 동안 조카 못지않게 힘들었는데…….

조카의 죽음으로 동생 일가의 비극적인 역사가 모두 끝나버렸다. 동생과 그 가족의 출발은 다른 어느 가정보다 아름답고 찬란했으나, 행복했던 초반기 이후에 일어난 비극들은 이전의 모든 것을 사라지게 하고, 쓸쓸함과 고통만을 남겨 놓았다. 동생과 그 가족들이 겪어야 했던 불행은 평범한 보통의 사람들이 버텨내기에는 너무나 잔인하고 무거웠다. 마치 현세에 임한 지옥처럼.

자신이 맞닥뜨린 지옥에서 벗어나기 위해 조카딸이 선택한 '죽음'이 다시 자신의 어머니에게 또 다른 '지옥'이 될 줄을 알았을까? 범인으로서는 상상할 수조차 없는 아픔을 연거푸 겪은 동생의 심정을 무엇으로 짐작할 수 있을까마는 딸의 죽음으로 비통해하다가 결국 삶을 포기한 동생은 역시 자신의 죽음이 남아 있는 아들에게 '지옥'이 될 것을 몰랐던 것일까? 사랑하는 동생과 어머니를 잃은 지옥 속에서 가까스로 목숨 줄을 붙들고 있던 조카까지 마지막으로 의지하던 강아지마저 잃게 되자 더는 삶의 의미를 찾지 못했으니 그 비극의 역사가 끔찍하고 슬프고 아팠다. 그저 저승에서라도 동생과 조카들이 만나서 행복할 수 있기를 바랄 뿐이었다.

그렇게 동생과 조카들은 나의 삶에서도 영영 사라져 버렸다. 그들을 다시는 볼 수 없고 또 얘기를 나눌 수도

없게 되었지만, 나는 아직 작별을 할 준비가 되어 있지
않았다. 준비도 되지 않은 상태에서 맞은 연이은 이별은
마음의 병을 더 깊게 하였고, 나는 하루하루 약해져만
갔다.

극한의 고통,
무의식적 희망

연말연시는 각종 공휴일과 축제로 설레는 기간이다. 크리스마스를 앞두고 축제 분위기로 달아오르고 길거리에는 새해를 반기는 갖가지 화려한 트리며 현수막들, 그리고 조명들이 등장한다. 지난해의 아쉬움을 보내고 새해의 희망을 기다리는 사람들은 한데 어울려 술잔을 기울이며 서로 위로하기도 하고 또 복을 빌어주기도 한다. 나도 한때는 그랬었다.

하지만, 이제는 남들에게는 그토록 기다려지는 연말이 나는 너무나 슬프고 두렵다. 다른 사람들이 모두 축제를 즐길 때, 나는 먼저 간 동생과 조카들이 생각나기 때문이

● 상처 그 놀라운 치유의 여정

다. 채 잊히지도, 줄어들지도 않는 슬픈 감정들과 고통은 이때를 기점으로 다시금 폭발하고야 만다.

11월에는 조카딸의 기일이, 12월에는 조카의 기일이, 그리고 2월에는 동생의 기일이 있다. 사랑하는 피붙이들의 죽음을 다시금 떠올려야 하는 겨울이 나는 너무 두려웠다. 해가 지날수록 나아지기는커녕 거듭 심해지는 심적 고통은 나를 괴로움의 끝까지 밀어내었다. 나는 치료가 필요했다. 이 아픔을 이겨내고 예전의 나로 돌아가야만 했다.

첫 번째로 찾은 방법은 주변 사람들과 아픔을 공유하기였다. 자주 쓰이는 금언(金言) 중에 "행복은 나누면 배가 되고, 슬픔은 나누면 반이 된다."라는 말이 있다. 내게도 아픔을 나눌 친구들이 있으니 그들에게 내 아픔을 쏟아놓고 위로 받으면 나아지리라는 확신이 들었다. 그래서 주변 친한 사람들 몇 명에게 내가 가진 아픔을 쏟아내듯이 토로했다. 감정이 북받치고 한바탕 눈물을 쏟고 나면 마음이 조금은 가벼워지는 기분을 느낄 수 있었다.

그러나 그 효과는 오래가지 못했다. 한 사람을 잡아두고 몇 시간 동안 눈물을 흘리며 이야기를 하면 잠깐은 속이 후련해지지만, 뒤돌아서면 이전 상태로 돌아왔다. 한편으로는 온통 우울한 이야기를 쏟아놓는 탓에 내 친구들한테까지 우울한 기운이 전파되는 것은 아닐까 싶어 걱정도 되었다. 결국 '주변 사람들과 아픔을 공유하는 것'은 중단해야 했다.

두 번째로 생각한 방법은 오랜 세월 수행하신 스님들을 찾아가 말씀을 듣고 내 안의 슬픔과 아픔을 잠재우려는 시도였다. 삶의 의미와 윤회를 이해하기 위해 평생을 바친 스님들이라면 내가 겪고 있는 고통을 해소하는 방법을 명쾌하게 알려줄 것이라 생각했기 때문이다. 그러나 기대와 달리 그분들의 말씀은 당장 나에게는 귀에 들어오지도 않았고 도움이 되지도 않았다. 내가 궁금한 것은 동생이 어디로 갔는지, 왜 가야만 했는지, 지금 내가 겪는 괴로움을 어떻게 극복할 수 있는 방법이 있는지 등이었다. 그런데 스님들은 나의 질문에 명쾌한 답을 주기는커녕 가슴만 답답해지는 '좋은 얘기'를 해줄 뿐이었다.

한번은 강화도에서 오랜 기간 수행을 하고 있다는 여자 수행자에 관한 얘기를 전해 듣게 되었다. 지푸라기라도 잡는 심정으로 강화도로 달려간 나는 그 수행자에게

매달려 "내 동생이 어디로 간 건지 모르겠다.", "동생이 갑자기 없어져서 미쳐버리겠다."라며 울분을 토해냈다. 그분은 나에게 죽음에 대한 의문으로 계속 괴로워하다 간 머리 깎고 출가할 수도 있다는 말씀을 하셨다. 그러나 나는 내 가족이 있고, 아직 하고 싶은 것들이 많이 남았기 때문에 속세에 머물면서 아픔을 해결하는 방법을 물었다. 그분은 명쾌한 방법을 알려주시지는 못했지만, 다른 수행자들과 달리 내 이야기를 끝까지 들어주셨고, 그것만으로도 위로가 되었다. 초반에 그 수행자의 따뜻한 말씀이 위로가 되었기에 거듭 세 번 정도 더 방문하여 몇 시간씩 울며 하소연했는데, 이후에는 너무 그분을 괴롭힌다는 생각이 들어 더는 찾아뵙지 못하였다. 그제야 다른 사람에게 의지하는 방법에는 부담감을 비롯해 한계가 있음을 깨닫게 되었다.

결국, 고통은 해소되지 않고, 동생에 대한 그리움은 쌓여만 가는 상황에서 정신은 더욱 불안정해졌다. 어느 순간부터는 동생과 그 일가족이 세상을 떠난 게 사실인지, 아니면 내 머릿속에서 일어난 착각인지 헷갈리기 시작했다.

이렇게 방황하는 날이 계속되자 나는 두려움에 베란다에도 나가지도 못하는 지경에 이르렀다. 동생이 어디로 갔는지에 대한 궁금증, 흐려지는 판단력과 몽롱한 기분 탓에 나도 모르게 뛰어내리고 싶은 충동이 들까봐 두려워 의도적으로 베란다를 피했다. 스스로 목숨을 끊을 생각은 추호도 없었지만, 당시의 불안정한 정신으로는 위험한 곳을 피하는 것이 상책이었기 때문이다.

상태가 점점 나빠지는데도 불구하고 마땅한 해결책을 발견하지 못하고 시간이 흐르니, 평생을 이런 고통 속에서 살아야 할지도 모른다는 불안감이 엄습해왔다. 이제는 시도 때도 없이 올라오는 슬픔과 눈물이 일상의 모습이 되어가고 있었다. 나는 극복과 체념 중에 체념 쪽으로 점점 기우는 중이었다.

그러나 하늘이 무너져도 솟아날 구멍이 있다고 하지 않던가? 절망적인 일만 계속되는 듯 보였던 나에게 이 상황을 극복할 수 있다는 희망의 메시지가 들려왔다. 그리고 그 희망의 메시지는 주변 친구도 오랜 세월 수행을 하신 스님도 아닌 스스로 치유하고자 하는 마음에서 비롯되었다.

의왕 청계사

제 4 부

남겨진 아픔,
치유 공부와
명상과의 만남

대학원 정신치료 전공

나는 결혼 후에 만학도로 대학에 입학하였다. 배움에 대한 욕구가 강했던 탓도 있었지만, 제일 큰 이유는 비즈니스적인 관점 때문이었다. 날이 갈수록 고령화가 빨라지니 미래의 인구 구성을 고려하면 노인복지 서비스 쪽의 시장 규모가 매우 커진다는 예측이 많았다.

당시 사업을 하고 있기도 했고, 타고난 사업가의 자질이 있었기에 나는 이왕 대학을 가는 것도 사업을 위한 발판으로 활용할 수 있도록 노인복지학과를 선택했다. 나는 대학에서 배운 내용을 토대로 노인들을 위한 힐링센터 비즈니스를 계획하고 있었다. 수익성과 사회적 명분이 완벽하다고 생각하였고, 기존 사업을 통해 쌓아놓은

자산도 있었으니 이 계획은 수월하게 진행될 것이라고
믿었다.

때문에 늦게 다시 시작한 공부였지만 큰 어려움 없이
즐겁게 학교를 다녔고, 곧 졸업하기에 이르렀다. 노인복
지 관련 사업을 하기 위해선 학사 학위로는 부족하다고
판단하여 대학원을 물색하고 있었는데, 마침 그 시기에
동생의 사건이 발생했다.

동생의 죽음은 나의 인생 전반에 큰 변화를 가져다주
었는데, 학업 또한 그것에서 예외일 수 없었다. 나의 학
업계획에도 많은 변화가 생기게 되었고, 비즈니스적인
성공에 앞서 일단 나의 심적 고통을 치료해야겠다는 마
음이 더 앞서기 시작하면서 노인복지학보다는 내적 고통
에서 벗어날 수 있는 분야의 공부를 하는 것에 더 마음이
갔다.

조카딸, 동생, 조카아들의 연이은 자살에 나는 자연
스럽게 우울증이란 병에 관심이 갔다. 노인복지학으로
석·박사 학위를 따려는 원래의 계획에서 멀어지더라도,
동생 일가족을 죽음으로 몰아세운 병의 정체를 꼭 알아
내고, 비슷한 처지에 있는 사람들에게 도움이 되고 싶다

　　　　　　　　　● 상처 그 놀라운 치유의 여정

는 생각이 간절했다. 또, 당장 내가 겪고 있는 고통에서도 벗어날 방법을 찾고 싶었다.

결국 나는 K대학원 정신치료과에 진학했다. 노인복지학을 전공한 내가 정신치료로 대학원에 진학하자 주변에서는 많은 의문을 보냈다. 그러나 당시에는 동생의 이야기를 입에 담는 것만으로도 눈물이 쏟아지고 부정적인 감정들이 온몸에서 뿜어져 나오던 때라 차마 이유를 설명하지는 못했다. 그냥 관심사가 바뀌었다고 간단하게 둘러대곤 하였다.

입학 후에 처음 강의를 들을 때는 굉장한 어려움을 느꼈다. 그도 그럴 것이 대학원은 학부 때 배웠던 지식을 심화 학습 및 연구하는 곳인데 노인복지학을 전공했던 나에게 대학원에서 처음 배우는 정신치료 이론들이 너무 낯설고 어려웠기 때문이다. 그러나 나에게는 학부는 물론이고 사회에서 쌓은 기본 지식이 풍부했고, 부족한 기초를 만회할 수 있는, 다른 학생들이 감히 비교할 수 없는 간절한 동기가 있었다.

내가 지니고 있는 슬픔과 아픔이 치유되어 고통에서 벗어나길 바랐고, 동생과 같이 괴로워하고 있는 사람들에게 도움이 될 수 있는 전문가가 되자는 목표가 있었기에 힘든 공부도 포기하지 않고 끝까지 이어나갈 수 있었다.

그리고 그런 간절한 진심이 통했는지 백방으로 수소문해도 찾지 못했던 내 감정의 치료법을 차츰 알아가는 행운을 얻게 되었다. 무의식과 최면에 대한 강의를 듣게 되면서부터 내가 앓고 있는 고통의 본질에 대해 조금이나마 이해할 수 있게 되었다. 나는 자연히 그쪽 분야에 많은 관심과 노력을 기울였다.

잠재의식의 세계,
최면과의 만남과 치유

K대학원에서 정신치료와 상담을 공부하고 있을 때였다. 내 고통을 덜어줄 수 있는 힌트는 얻었지만 여전히 구체적으로 치료를 장담하기에는 무엇인가 부족한 점이 많다는 생각을 지울 수 없었다. 그저 공부가 부족한 탓이려니 여기며 학업에 더욱 깊이 매진하고 있을 때, 우연하게 교양과목으로 개설된 최면수업을 듣게 되었다.

사실 그전부터 최면에 대한 관심은 어느 정도 있었다. 다만 적극적으로 배우려고 하기 보다는 흥미가 있어 관련 영상을 몇 편 찾아본 정도였다. 그런데 수업에 대한 평이 워낙 좋았을 뿐만 아니라, 정신치료 공부에서 딱히 실마리를 찾지 못해 점점 회의감이 깊어져 가던 중이어서, 큰 기대는 없었지만, 수업을 들어보기로 했다.

강의는 '마음연구소' 소장인 S교수님께서 진행하였다. 그리고 첫 수업에서부터 여러 통찰을 얻을 수 있었다. 나는 그 수업을 통해 내 마음의 근본적인 치료를 위해서는 내 심리를 관찰하고 다스릴 줄 알아야함을 깨닫게 되었다. 그리고 그것을 가능케 하는 방법이 바로 최면이었다. 그동안 풀리지 않던 마음 속 상처를 해소할 방법의 실마리를 얻은 느낌이었다. 그래서 대학원 강의와 별도로, 전문적으로 최면을 공부하기 위하여 우리나라 최초로 최면을 도입한, 몇 년 전 작고하신 Y박사님을 찾아가서 배움을 청했다. 그렇게 5년을 공부하였다.

'무의식'이라는 개념을 최초로 고안해 낸 사람은 오스트리아의 정신분석학자 '지그문트 프로이트'이다. 프로이트가 살던 당시에는 종교가 학문의 분야에서 축출되고 있던 시기였기에 인간의 정신세계를 종교적 관점의 영성을 배제하고 순수한 학문적 관점에서 탐구하려는 시도가 강했는데, 그 선봉에 선 사람이 바로 프로이트였다.

그는 '사람이 늘 이성적으로만 행동하지 않는다.'는 점

상처 그 놀라운 치유의 여정

에 주목하였고, 사람들이 꿈이라는 매개체를 통해 보게 되는 비논리적이고 상식에 반하는 이미지들을 통해 사람의 정신세계에는 우리가 인지할 수 있는 '의식'세계보다 훨씬 크고 통제 불가능한 '무의식'의 영역이 있다고 주장했다. 정신분석학

〈빙하 그림. 수면 위의 일부를 의식으로,
수면 아래 대부분을 무의식으로 표기〉

자들은 널리 알려진 '빙하 그림'을 소재로 이러한 무의식과 의식세계의 상관관계를 소개한다. 프로이트의 주장대로, 우리가 인지할 수 있는 의식의 세계는 우리 정신세계의 극히 일부분에 불과하다.

문제는 사람들은 무의식이란 단어를 일상생활 중 다양하게 사용하면서도 정작 무의식 세계의 중요성에 대해서는 잘 알지도 못하고 크게 관심을 갖지도 않는다는 사실이다. 대부분의 사람들이 겪는 트라우마, 열등감,

피해의식, 및 방어기제는 우리가 의식적으로 통제할 수 없는 무의식의 세계에서부터 시작한다. 때문에 이러한 정신적 문제들을 해결하기 위해서는 무의식을 들여다보고 그 근원을 치료하려는 노력이 필요하다.

무의식은 우리가 인식할 수 없는 세계이기 때문에, 무의식에 접근하기 위해서는 일반적인 대화를 넘어선 무언가 특별한 장치가 필요하다. 즉, 의식상태에서 상대방의 의식을 알아내기 위한 방법이 언어를 통한 대화라면, 무의식의 상태를 알아보기 위해선 '최면'이라는 대화법을 사용해야 한다. 최면은 무의식을 탐구하는데 있어서 가장 흔하게 사용되는, 가장 확실한 방법 중 하나로 여겨진다.

최면은 내담자의 의식을 한 곳에 집중하게 하고, 대신 집중한 것을 제외한 모든 것에 대한 인식을 약화시키는 과학적인 접근법이다. 간혹 대중매체를 통해 잠깐 본, 전생을 체험한다던가, 사람을 마음대로 조종한다던가 하는 오컬트(occult, 과학적으로 해명할 수 없는 신비하고 초자연적인 현상)적인 소재로서 '최면'을 이해하는 사람들을 만나기도 하는데, 그것은 최면의 극히 일부분만을 보여준 것이거나 그마저도 상당부분 왜곡한 경우가 태반이다. 실제 치료에 사용되는 최면은 그것과는 매우 다르다.

최면치료의 의의는 내담자의 긴장을 모두 풀고 심신이 이완된 상태에서 무의식 속에 잠긴 감정과 기억을 이끌어내는 데에 있다. 때문에 최면상담실은 내담자가 편히 몸을 기댈 수 있는 의자와 아늑한 조명이 필수적으로 구비되어야 한다.

K대학원에서 정신치료를 공부하던 당시에 나는 이러한 최면 치료에 깊은 관심을 가지게 되었다. 이성의 세계에서 동원할 수 있는 갖가지 치료법을 동원해도 해결되지 않았던 문제가 무의식을 통한 치료로 나아질지도 모른다는 생각이 들었기 때문이다.

정신치료를 배우기로 한 이전까지 정말 많은 분야의 사람들에게 도움을 청했지만 별다른 효과를 보지 못했기에, 최면을 통한 무의식의 치료가 나에게는 지푸라기를 잡는 것과 같은 마지막 방편이었다. 그렇기에 미래를 위해 노인복지학을 공부하던 때보다 훨씬 더 많은 노력을 기울이며 공부에 임했다.

그러나 결과적으로 내 마음을 치유하는 데 있어 최면이 도움이 된 것은 사실이지만, 스스로 치유하기엔 완벽하지 못했다. 다만, 최면을 통해 무의식의 중요성과 스스로의 감정 상태를 관찰하는 것이 인간의 정신건강에 얼마나 큰 영향을 끼치는지 알게 되었고, 이를 바탕으로 명상에 발을 들이는 계기를 만든 것은 아주 중요한 전환점이 되었다.

학창시절
조현병을 앓았던
정신과 의사

　정신치료에 대해 가르치는 학과이고보니 자연스레 정신과 의사가 강의하는 수업을 듣게 되었다. 교수님들 가운데선 강의실 밖에서도 인연을 이어가는 사람들도 있었는데 대표적인 예가 지금부터 이야기할 'K교수'이다.

　K교수는 강남 번화가에 자신의 병원을 가지고 있는 꽤나 성공한 정신과 의사였다. 언론사에 정기적으로 칼럼을 연재하기도 했던 그는 커리어나 경제적으로나 흠잡을 것 없는 '모범적인' 삶을 살고 있는 인물로 비쳐졌다. 대학원에서도 정신치료와 정신상담을 강의하며 실력과 위트(wit)를 겸비한 교수로 수강생들 사이에서도 인기

가 제법 좋았다.

처음엔 나의 치료를 위한 상담을 받기 위해 강의실 밖에서의 만남을 추진했는데, K교수는 흔쾌히 상담 요청에 응하면서 돈을 받지 않고 무료로 상담을 해주겠다며 자신의 병원으로 불렀다. 강남에 위치한 그의 병원에서 상담을 진행하던 중에 뜻밖에도 나의 정신적 문제가 아닌 K교수와의 협업에 관한 대화를 나누게 되었다. K교수가 상담 도중 자신과 같이 일을 해보지 않겠냐면서 제안을 해온 것이다.

"현정씨, 혹시 저와 같이 일을 해볼 생각 있어요?"
"네? 갑자기 그게 무슨? ……."

평소 강의 때에도 K교수는 4차원으로 이름을 날렸다. 강의 도중 전혀 관련이 없어 보이는 말들을 툭툭 뱉는다던가 일반적인 사람의 생각으로는 쉽사리 이해할 수 없는 돌발 언행으로 좌중을 당황스럽게 만드는 재주가 있었기 때문이다. 그런 교수의 평소 모습을 감안하더라도 이 제안은 아주 뜻밖이었다.

"말 그대로입니다. 저는 병원 업무 외에도 방문상담 치료를 병행하고 있지요. 주 고객층은 통원치료를 거부하는 부잣집 자녀들입니다. 어렸을 때부터 과도한 부담에 시달려서 그런지 우리들 생각과는 다르게 부유한 집 자식들 중 정신적 문제가 있는 경우가 허다해요. 문제는 환자가 여성일 경우에는 성관련 문제가 생길 수도 있거니와 치료를 완강히 거부하는 환자들을 혼자서 감당하기가 쉽지 않다는 거죠."

"그런데 왜 하필 저한테 이런 제안을 하시는 거죠? 저는 관련 경험도 전무한데……."

"물론 현정씨가 정신상담 경력은 없죠. 하지만 상담과 치료를 주도하는 건 내 역할이고, 현정씨는 보조하는 역할이라고 생각하시면 됩니다. 또 사회복지 자격증이 있으시니 은둔형 환자들을 어떻게 대해야 하는지 기본적인 매뉴얼도 알고 계시지 않습니까? 저는 현정씨가 이 일에 최적이라고 생각해요."

K교수는 덧붙여 말했다.

"또 저는 이런 과정이 현정씨의 치료에도 도움이 될 것이라고 생각해요. 현정씨가 정신치료를 배우는 이유가 자신을 치료하고 비슷한 처지에 처한 사람들에게 도움이 되고 싶어서라고 했지요? 저와 함께하는 동안 많은 힌트를 찾을 수 있을 겁니다."

그 말을 듣고 곰곰이 생각해보니 나에게 있어 좋은 기회가 찾아온 듯했다. 무언가를 제대로 배우기 위한 방법 중에 하나는 그것을 가르쳐보는 것이다. 때문에 여전히 정신치료와 상담에 대해 내세울만한 무엇을 갖추지 못했지만, 오히려 완벽하게 이해하기 위해서 그것들을 활용해 직접 다른 사람을 치료해보는 것만큼 효과적인 실습이 없을 듯하였다. 집으로 돌아온 뒤에 남편과 상의를 마치고, 나는 K교수의 협업 제안을 수락했다.

그러나 협업은 오래가지 못하였다. 몇 번 정도 교수와 동행하여 치료를 진행해보니, 한 번 방문할 때마다 온몸에서 진이 빠져나가는 듯했다. 일체 대화를 거부하는 사람들부터 가까스로 대화에는 성공해도 돌발행동이 잦은 정신적 문제를 앓는 사람들이 뿜어내는 기운은 이미 약해

질 대로 약해진 내가 견디기엔 너무나 버거운 것이었다. 일을 몇 번 진행하고 나니 도저히 이 일은 나한테 맞지 않는다는 생각이 들었다. 어느 날은 샤워를 하는데 거울을 들여다보니 등에 전에 없었던 붉은색 염증들이 보였다. 깜짝 놀라서 병원을 방문해보니 난생 겪은 적이 없던 '대상포진'이라는 진단을 받았다. 방문치료를 진행하면서 받은 스트레스가 결국 몸에 '이상신호'로 나타났다.

교수님께 이러한 사정을 말씀 드리고 곧 일을 그만두었다. 애초에 계획했던 대로 방문상담을 통한 나의 치료는 별 진전이 없었다. 오히려 또 다른 스트레스만 얻었다고 해도 과언이 아니었다. 다만 이 모든 과정에서 수확이 아예 없지는 않았다. 환자를 통해서가 아닌 K교수를 통해 흥미로운 사실을 알아냈기 때문이다.

그의 개인사를 듣게 된 것은 의도하지 않았던 일이다. 다른 사람들은 꺼릴 법한 민감한 얘기도 그는 대수롭지 않다는 듯이 풀어놓았다. 정신문제를 앓고 있는 내담자가 자신이 겪은 경험과 느낌을 솔직하게 말하는 것만으로도 치료에 상당한 진전을 보인다는 연구결과는 이미 유명하다. K교수는 환자를 치료할 때만 아니라 자신의 일상에서도 이 점을 적극 활용하고 있는 듯 보였다. "대개 사람들은 민감하거나 부끄럽다고 생각하는 일들을 꼭꼭 숨기려고만 하는데, 그것이 쌓이면 병이 되어 결국 병원을 찾게 된다."는 게 그의 의견이었다. 그렇기에 그는 사회적으로 봤을 때 지탄받을 만한 행동이라도 감추지 않고 대뜸 밝히는 대범함을 보였다. K교수는 "잠깐 미움받을 수는 있겠지만, 마음의 병을 앓으면서 병원을 드나드는 것보다는 훨씬 낫다."고 주장했다.

그는 자신의 정신질환 병력부터 밝혔다. 그가 대학 2학년에 재학 중이던 때 '조현병' 판정을 받았다고 했다. '조현병'이라고 하면 조금 낯설게 느끼는 사람들도 있는데, 명칭이 바뀌기 전에는 '정신분열증'이라고 불리기도 했다. 조현병은 우울증과는 다르게 신경증이 아닌 정신증에 속한다. 정신증은 이성적 판단능력이 무너지고 환청, 환각과 현실을 구분하지 못하는 증상들을 일컫는다. 일반적으로 정신병이라고 할 때 떠오르는 여러 증상들의 이미지는 바로 조현병의 증상에서 비롯되었다.

이런 질환을 앓고 있거나 앓았던 사람들의 대부분은 그 사실이 타인에게 알려지길 원치 않는다. 자신의 사회적 입지가 흔들릴 여지가 충분하기 때문인데, K교수는 그런 것에 아랑곳하지 않았다. 자신이 정신과 의사임에도 불구하고 말이다. 심지어 그는 조현병 때문인지 아니면 타고난 자질이 그러한지 병력뿐 아니라 본인의 결점이 될 수도 있는 개인사를 밝히기도 했다.

한국 사회에서는 타인에게 자신의 감정을 표현하고 서로의 마음을 위로하는 문화가 아직 일반적이지 않아서, 많은 사람들이 속으로 묵은 응어리를 삭이는 일이 잦다고 한다. 돌이켜 생각해보면, 동생을 잃은 아픔을 표현하지 못하고 끙끙 앓던 나 또한 크게 다를 게 없었다. K교수라는 사람을 알아가면서, 세상의 모든 사람들은 예외 없이 저마다의 아픔과 정신적인 문제들을 갖고 살아간다는 확신을 갖게 되었다. 비록 그 사람이 정신과 의사라고 하더라도 말이다.

최면을 공부하면서 명상에 대한 공부도 하기로 마음 먹었다. 서적들을 구입하고 명상법으로 이름 날리던 명사들을 찾아다니며 명상 공부에 매진했다. 명상에 대한 지식이 쌓이고 노하우를 쌓아가며 영원할 것 같았던 나의 아픔도 조금씩 나아지는 걸 느꼈다.

명상을 몰랐던 과거에는 동생에 대한 그리움이 올라오는 날에는 속절없이 그 감정에 내 몸의 통제권을 내어주고는 했다. 대항할 수 없는 크기의 아픔이 일기 시작하면 내가 할 수 있는 일이라고는 그저 눈물을 흘리며 감정의 파도에 휩쓸려 이리저리 떠다니며 힘들어하는 것뿐이었다.

그러나 명상을 배우고부터 나는 나의 묵은 감정에 대항할 수 있었다. 아니, 대항한다기보다는 감정의 파도가 일고 있다는 사실을 관찰하고 알아챌 수 있게 되었다. 누군가는 그냥 감정을 관찰만 하면 감정은 그대로 있는 것 아니냐며 의문을 던질지도 모른다. 그러나 우리의 마음은 신기하게도 자신이 어떤 감정을 느끼고 있는지를 알아채는 것만으로도 상당한 해소의 효과를 보여준다. 이것을 손쉽게 이해하기 위해서 부모가 어린 자녀들을 달래는 모습을 상상해보자. 어린 아이가 속상한 일이 있어서 엉엉 울고 있을 때, 아이는 부모에게 문제의 해결이나 혹은 자신에게 상처를 준 사람을 대신 응징해 줄 것을 바라지 않는다. 다만 자신의 서러움과 아픔을 확인하고, 이해하고, 알아주고, 다독여주는 것만으로도 충분하다.

"어이구 그랬어 우리 아기?"

"그래서 00이가 많이 슬펐구나."

대개 어린 자녀들을 둔 부모님들이 우는 아이를 달랠 때 사용하는 말들이다. 문장을 자세히 들여다보면, 어디에도 아이들을 직접적으로 위로하거나 문제의 해결을 약속하는 어구는 없다. 다만 아이의 상태를 알고 있으며, 충분히 공감하고 있다는 사실만 나타낼 뿐이다. 아이를 키워본 사람이라면 누구나 알겠지만, 웬만한 아이의 울음은 이런 말들만으로도 그칠 수 있다.

나는 이 간단한 방법을 몰라서 오랜 시간을 고통 속에서 보내야만 했다. 잠깐 눈을 감고 심호흡을 하면서 나의 내면을 들여다보면 당장 나를 어렵게 하는 모든 아픔과 슬픔을 알 수 있고, 그것 때문에 힘들어하는 내 자아를 보듬어주면 되는 간단한 일인데, 그것을 알지 못해서 전국 팔도를 돌아다니면서 많은 시간과 돈을 낭비해야했다. 이미 지나간 나의 시간이나 노력이야 되돌릴 방법이 없으니 어쩔 수 없지만, 나와 비슷한 고통을 겪고 있는 사람들이 있다면 하루라도 빨리 이 방법을 알게 되어 나처럼 오랜 시간 힘들어하지 않았으면 하는 바람이 생겼다. 그런데 그 일을 감당할 사람이 많지 않았다. 누군

상처 그 놀라운 치유의 여정

가가 이 일을 해주길 기다리고 있을 수만은 없었다. 내가 배워서, 내가 가르침을 전달해야겠다는 사명감이 들었다. 그러기 위해선 일단 명상에 대해 더 깊이 공부할 필요가 있었다. 나는 어렸을 때부터 하고자 하는 일이 있으면 끝을 봐야 직성이 풀리는 성격이었다. 명상을 통해 과거 나처럼 힘든 일을 겪는 사람에게 도움이 되는 사람이 되고 싶었다.

그렇게 최면과 명상에 대한 공부를 하다가 대학원을 졸업했다. 졸업을 하고 앞으로 무엇을 할까 고민하고 있던 차에 예상치 못했던 기회가 생겼다. 최면 공부를 할 때 알게 된 P교수님에게서 연락이 왔다. P교수님은 전직 국정원 임원이기도 했는데, OO대학에서 겸임교수로 일하셨다. 그런 그가 나에게 특별한 봉사를 의뢰했다. 내용인즉 육군 1군단을 찾아 도움이 필요한 병사들에게 최면과 명상을 활용하여 위로와 힘을 불어넣는 강연을 해보라는 것이었다. 애초에 최면과 명상을 공부한 이유가 나의 아픔을 치유하고, 동생처럼 우울증에 빠져 있는 사람들에게 도움을 주기 위해서였다. 그렇기 때문에 이 제안은 내가 가진 사명감을 이루기에 더 없이 좋은 출발점이 될 수 있었다. 물론 걱정이 없었던 것은 아니다. 이때까지 강의를 듣기만 했지 제대로 강의를 해본 적이 없었기 때문이다. 게다가 첫 강의의 대상이 아들보다 어린 군인들이 될 거라는 생각은 추호도 못했기 때문이다. 또한 위로는 무엇보다 공감이 중요한데, 군에 대한 경험이 전무 (全無)한 내가 어린 군인들의 문제에 쉽게 동감할 수 있을까라는 걱정도 들었다. 그러나 나는 고민만 하지 않기로 했다. 세상에 얼마나 많은 직업이 있고, 또 얼마나 다양한 사람들이 있는가. 이들 모두에게 100% 공감할 수 있는 사람은 없다. 중요한건 그들의 말을 들어주고, 이해하려고 하는 의지와 태도이지 않을까? 생각이 거기까지 미치자 나는 담대하게 제안을 받아들이기로 하였다.

드디어 내가 공부한 지식들을 다른 사람들을 위해 쓸 수 있는 기회가 왔다. 처음에는 많은 병사들 앞에서 하는 강연이 너무 어색하고 서툴렀다. 처음치고는 긴 4시간의 강연 시간도 너무 무리한 일정이었다. 서투른 강의가 몇 번 이어지자 나도 힘들고, 병사들도 힘들어하는 모습이 눈에 보였다. 나는 교육대장님께 이 사실을 말씀드렸고, 교육대장님께서는 그 어떤 제한도 두지 않을 테니 내 마음대로 강연을 꾸며도 된다고 허락하셨다.

교육대장님께서 전폭적인 신뢰를 보내 주시니 나 또한 힘을 내어 병사들이 도움을 얻는 강의를 만들기 위해 부단히 노력했다. 가장 먼저 강의 시간을 4시간에서 2시간으로 대폭 줄였다. 성인이라고 해도 집중력에는 한계가 있는 법이다. 더구나 군대라는 특수한 환경에서 집단으로 생활하는 청년들이 한 자리에 오랫동안 앉아서 다른 사람이 말하는 걸 지켜보기는 어렵다는 판단에서 내린 결정이었다.

두 번째로, 한 강의의 내용도 기존 이론 위주 강의에서 참여형으로 바꾸었다. 강의를 개편한 이후에 처음으로 가르친 기법은 사회공포증을 극복하기 위한 호흡명상이었다. 내 강연은 주로 부대 생활에 제대로 적응하지 못하는 병사들이 들었다. 그들은 조직 내에서 잘 어울리지 못했고, 부적응자라는 낙인 때문에 자존감이 떨어질 대로 떨어진 상태였다. 그런 그들에게 당장 필요한건 작은 성취와 할 수 있다는 자신감이다.

당시 참여한 서른 명 남짓한 병사들에게 명상이 무엇인지, 어떻게 하는지 간단히 설명해 주고 20분간 같이 명상을 하는 시간을 가졌다. 모든 소리가 잦아들고 서로의 심호흡 소리만 조용한 건물을 가득 채웠다. 나도 함께 앉아 심호흡을 하며 그들이 명상을 하는 모습을 지켜보았는데, 몇몇 병사들은 눈물을 흘리고 있었다. 명상이 끝나고 난 뒤, 눈물을 흘린 병사에게 이유를 물었다.

"아까 명상할 때 보니까 눈물을 흘리던데 왜 그랬니?"
"이유는 잘 모르겠어요. 그런데 그냥 눈물이 흐르더라고요."

다른 병사들도 입을 모아 말하기를 이유는 알 수 없으나 눈물이 났다고 대답했다. 그들이 무엇을 알고 깨달았는지 명확하게 듣지 못했지만, 분명 처음으로 자신의 마음을 알아차리고 느낀 감동이 눈물로 표현되지 않았을까 싶다.

다행히도 강의를 개편한 뒤에 병사들의 마음 치료에 진전이 있었다. 어떤 병사들은 명상을 하는 20분이 2분처럼 느껴졌다면서 만족스러운 표정을 지어보이기도 했다. 나로 인해 나와 비슷한 고통을 겪는 사람들이 치유되는 과정을 지켜보면서 나 또한 많은 힘을 얻을 수 있었다.

나중에는 명상뿐만 아니라 각자의 트라우마를 극복하기 위한 시간도 편성했다. 연단에 나와서 자신이 가지고 있는 아픈 상처에 대해 숨김없이 말하면서 그것을 해소하는 시간이었다. 개중에는 어린 병사들이 견디기에는 너무 커다란 상처들도 있었는데, 친구의 투신자살을 눈앞에서 목격한 것으로 괴로워하던 병사가 가장 기억에 남는다. 자살 유가족인 나는 그에게 마음이 많이 쓰였다. 강의가 끝난 후에 그 병사를 불러내어 따로 호흡명상과 알아차림 명상에 대해 가르쳐 주면서 얘기했다.

"이겨낼 수 있어. 하늘에 있는 친구도 그걸 바랄거야. 항상 네 마음이 어떤 감정을 느끼고 있는지를 관찰하고, 감정에 유연하게 대처해야 해."

서른 명의 병사들은 꾸준히 내 강연을 듣고 명상하여 자신들의 상처를 이겨내고 원래 그들이 있어야할 곳으로 복귀했다. 친구의 죽음으로 괴로워하던 그 병사도 그들

중 하나였다. 부대 측에서도 나의 강연이 효과적임을 인정하고 무한한 감사를 표현했다. 나는 돈을 위해 강연을 한 것이 아니기에 강의료도 그리 많게 받지 않았는데, 부대 측에서는 그것까지도 감사하게 여겼던 모양이다. 그리하여 나는 1군단의 정식 강사로 등록되었고, 7년 전부터 지금까지 병사들에게 도움을 주며, 나는 그들로부터 힘을 얻고 있다.

강의를 준비하고, 부대까지 오가는 일이 결코 쉽지는 않았다. 그럼에도 내 인생에서 가장 보람찬 기간이었다. 병사들에게 도움을 주면서 내 안에 있던 응어리도 많이 해소됨을 느꼈다. 동생을 구하지 못했다는 죄책감이 병사들과 소통하고 서로의 상처를 보듬는 과정에서 치유되어 점차 사라지고 있었다. 그들이 나에게 감사하다고 인사할 때마다 내가 더 감사하다고 말했던 이유이다.

슬픔을 극복하고
잃어버렸던 나를 되찾다

　평화, 안정, 행복……. 동생과 조카들을 잃고 난 뒤로는 나와 어울리지 않는 단어들이었다. 다 잊었나 싶다가도 불현듯 부정적인 감정들이 소용돌이치면서 나를 괴롭혔기 때문이다. 푹 자고 일어나서 창문을 여는데 갑자기 눈물이 쏟아지기도 하고, 차를 마시다가도 눈물이 쏟아졌다.

　눈물샘이 망가진 사람마냥 시도 때도 없는 감정기복 때문에 과거의 행복한 삶으로 돌아가는 건 어쩌면 불가능할지도 모른다는 생각에까지 이르렀었다. 나의 병을 도대체 누가 고쳐줄 수 있을까? 도무지 비상구가 보이지 않았다.

그러나 결국 그 어려운 일은 다른 사람이 아닌 내가 스스로 해야 하는 일이었음을 나중에서야 알게 되었다. 그리고 나는 복잡하고 어려운 치료법이 아닌 명상을 통해 그 일을 해냈다. 동생을 잃은 아픔을 극복하기 위해 수많은 치유법을 찾아다녔고, 많은 사람들을 만났다. 수십 번, 수백 번의 시행착오 끝에 나는 명상이라는 해법을 찾았고, 명상을 통해 기나긴 악몽에서 벗어나기에 이르렀다. 명상을 하면서 나의 상태는 급격히 좋아졌고, 이제는 나뿐만 아니라 다른 사람의 아픔도 치유할 수 있을 만큼 성장했다. 모두가 명상 덕분이었다.

그런데, 이렇게 내면의 상처를 돌보고 치유하며 회복하게 하는 데 탁월한 명상에 대해 많은 사람들이 오해하고 있다는 사실을 깨닫게 되었다. 누구나, 언제 어디서든, 아주 손쉬운 방법으로 명상을 할 수 있는데도, 우리 사회 전반에서 명상 자체를 낯설게 여기는 현실이 너무나 아쉬웠다. 나는 나를 지옥과 같은 수렁에서 건져 준 명상의 힘에 깊이 감복했고, 이를 더 깊이 연구하여 다른 사람들과 공유하길 원했다.

치유명상에 빠지다

그런 마음을 갖고 명상에 대해 조사하던 중 웹 서핑을 통해 N선원이라는 곳을 알게 되었다. N선원은 한 불교 교단의 포교사찰인데, 불교 교리에 대한 교육 외에도 명상 교육이 개설되어 있어 흥미를 갖게 되었고, 이내 교육에 참여하게 되었다.

많은 사람들이 이 대목에서 명상을 종교적인 행위로 인식할 수 있어서 미리 일러두자면, 명상의 유래는 동양의 종교들이 행해온 마음 수행에서 비롯된 것이 맞지만, 현대의 명상은 종교적 행위와는 아무런 관련이 없다. 즉, 오늘날 통용되는 많은 명상법들은 서양의 과학적 기법들이 적용된 것으로 종교와는 상관이 없는 새로운 것들이다. 이와 같이 오랜 연구를 통해 개발된 명상법 중 하나

　상처 그 놀라운 치유의 여정

인 존 카밧진이 창시한 MBSR(마음챙김 명상)은 국내에서도 유명한 명상방법으로 자리잡고 있다.

명상은 본인이 어떤 생각(번뇌)을 가지고 있는지, 현재 어떤 상태에 있는지를 관찰하고 필요 없는 것들을 비워내는 과정이다.

그런 이유로 타종교의 유명 인사들이 명상법을 배우기 위해 한국 불교 인사들과 교류하기도 한다. 다시 말해서 명상이 불교에서 유래했고 또 불교 사찰에서 주로 교육된다고 해서 불교를 전도하거나 종교적 행위를 강요하는 것이 아니니, 타종교인이나 무교인들이 두려워 할 필요가 전혀 없다는 얘기다.

아무튼, N선원 산하에는 M대학원대학교가 있다. 그 학교에는 명상상담학 과정이 있었고, 교육부에서 정식으로 인정하는 문학대학원으로 명상 관련 전문가가 되기 위한 커리큘럼이 있었다. 그곳에서 나는 전문적인 명상 공부를 할 수 있었다. K대학원에 다닐 때도 나름 독학으로 몇몇 명상 이론을 알고 있었지만, 전문적인 명상상담학 수업은 그 깊이부터 다를 수밖에 없었다. 나는 처음 명상을 접하는 사람처럼 기초부터 차근차근 배워나가기 시작했다.

다른 수강생들에 비해 조금 더 수월했던 면이 있었다면, 명상에 대한 기본적인 지식을 갖추고 있었다는 사실과 석사 학위가 이미 있었기에 논문을 쓰지 않아도 되므로 그 부담감이 덜했다는 정도였다. 덕분에 다른 과목들에 신경 쓰지 않고 오직 명상만을 공부하며, 또 실천했다. 이때의 삶을 한 마디로 요약하자면 명상의, 명상에 의한, 명상을 위한 삶이었다 해도 과언이 아니다.

M대학원대학교에서 이론과 기초적인 명상법에 대해서 공부했다면, 실제 명상을 하는 곳은 따로 있었다. 삼청동에 있는 '자애명상의 집'은 사단법인 한국명상협회 소속으로, 그곳에는 〈명상지도자 자격증〉을 취득할 수 있는 코스가 있었다. 나는 그곳을 매주 방문하며 학교에서 배운 이론을 접목하여 더 나은 명상을 하기 위해 끊임없이 노력했다.

이러한 노력 덕분에 명상상담학을 좋은 성적으로 수료하여 전문적으로 상담할 수 있는 자격을 얻게 되었고,

사단법인 한국명상협회에서 〈1급 명상지도자〉 자격도 취득할 수 있었다. 이제 나는 단순히 '명상에 대해 좀 아는 일반인'에서 전문적인 지식을 바탕으로 명상을 지도하고 사람들의 마음을 치유할 수 있는 전문가가 되었다. 이제 명상은 나의 감정을 치료하고 통제하기 위한 수단에서 그치지 않고 더 나아가 나의 삶에서 가장 큰 부분을 차지하는 친구가 되었다. 동생 일가족을 잃은 아픔을 치유하기 위해 발버둥 치다가 우연하게 접한 명상이 나의 삶을 송두리째 바꿔놓게 될 것이라고 상상이나 했을까! 많은 어려움들이 도중에 있었지만, 그 우여곡절들이 오히려 지금의 나를 만들었다.

가족을 비롯해 많은 사람들의 도움을 받아 놀랍도록 호전된 지금, 이제 내가 해야 할 일은 내가 배운 전문적인 명상 지식들과 경험들을 가지고 과거의 나와 같은 어려움을 겪고 있는 사람들을 위해 도움을 주는 것이다. 나의 삶의 이정표가 나로부터 다른 사람으로 전이되었으니 감사하게 되었다.

제 5 부

놀라운 치유의 솔루션, 답을 찾다

내 안의 힐링 휴식처

나는 명상을 통해 삶에서 겪을 수 있는 최악의 고통을 이겨내고, 평화로운 삶을 되찾았다. 오랜 세월 나를 괴롭히던 고통은 호흡의 조절과 내 심리 상태를 관찰하는 간단한 명상의 반복으로 차차 아물었고, 현재는 누구보다 행복한 삶을 살고 있다고 자부한다. 그리고 이러한 기쁨을 많은 사람들이 누렸으면 하는 바람을 안고 이 책을 쓰고 있다.

어떤 분들은 내가 정신치료를 전공하고 명상을 전문적으로 강연하는 교수님들을 찾아가 배웠기 때문에 그것이 가능했을 거라고 생각할 수도 있겠다. 물론 그러한 경험이 더욱 깊이 있는 명상을 하는 데 도움을 준 것은 사실이나 꼭 그런 과정을 거쳐야만 명상에 입문할 수 있는 것은 아니다. 아무런 사전 지식이 없어도, 남녀노소 누구라도 충분히 쉽고 간단하게 명상을 할 수 있다.

나는 자신 있게 말한다. 명상은, 전문적인 가르침을 받지 않고도 누구나 언제 어디서든 할 수 있는 최고의 힐링 방법이다. 동생과 조카 둘을 잃고, 슬픔과 고통으로 정신과 몸이 걸레조각처럼 망가졌던 내가 명상을 통해 다시 건강과 행복을 되찾았으니, 누구보다 확실하게 명상의 효과를 증언할 수 있다. 가끔 명상을 종교적 체험이나 신비한 미지의 것으로만 생각하시는 분들을 만난다. 앞에서 이미 말했듯이, 명상의 기원이 종교에 있다는 것은 분명한 사실이다. 대표적으로 불교에서 스님들이 행하는 '참선'이 바로 명상의 뿌리이기 때문이다. 하지만 현대의 명상은 종교와 분리되어 순수하게 개인의 심리 치유, 자아 발견에 그 목적을 두고 있다. 나아가 현대의 명상은 그 효과를 높이기 위해 여러 연구들을 통해 과학적 방법들이 도입되어 적용되었다.

이 책에서 다룰 명상은 신이나 미지의 존재를 탐구하려는 목적이 아니라, 온전히 나 자신을 발견하고 치유하려는 목적을 가진다. 우리가 스스로의 생각이나 감정에 파묻히지 않고, 생각을 통제하여 늘 평온하고 건강한 정신을 유지할 수 있게끔 도움을 줄 수 있는 행위가 바로 명상이다. 명상의 목표는 바로 '지금 여기에 존재하는 것', 즉 '생각 바라보기'다. 그리고 이 목표의 실현을 통해 자신의 나쁜 감정들을 발견하고, 나쁜 감정이라는 걸 알아차림으로써 우울증과 스트레스 등에서 자유로워지는 것이 바로 명상을 하는 궁극적인 이유라고 할 수 있다.

흔히 '생각'이 깊으면 내면이 강해진다는 인식이 있다. 하지만, 그러한 인식은 아무런 근거가 없다. 오히려 생각은 사실이 아니다. 때문에 생각하는 것만으로 결코 내면의 고통을 치유할 수도 없고, 감정을 제대로 통제할 방법도 없다. 그렇지만 대부분의 사람들은 생각을 사실로 받아들이고, 안타깝게도 그 생각에 감정의 통제력을 모두 넘겨버리고 만다. 아직 일어나지도 않은 일을 미리 걱정하거나, 이미 지나간 일을 두고두고 후회하면서 스스로 죄책감에 빠져 괴로워하는 경우들이 이에 속한다.

생각은 그냥 생각일 뿐이다. 현실에서 일어난 사건을 자기 마음대로 해석하고 감정을 붙인 것에 불과하다. 그러나 생각의 힘은 매우 강해서 우리가 일부러 생각을 떠올리지 않음에도 불구하고 언제든 생각에게 우리 몸과 정신을 다스리는 키를 넘겨줄 수도 있다. 우울증과 무기력증은 거의 예외 없이 부정적인 생각에 오랜 시간 자신에 대한 통제권을 내어주면서 시작되곤 한다.

그렇다면 생각이 우리를 지배하지 못하게 방어할 수 있는 수단은 무엇일까? 바로 명상이 그것이다. 모든 생각과 에너지가 자신이 느끼고 바라보는 것들에 너무 치중하게 할 때, 자신에게서 잠시 벗어나 담담하게 스스로를 관찰하도록 돕는 것이 바로 명상이다. 심호흡을 통해 마음을 가라앉힌 뒤, 눈을 감아 내 몸 바깥의 일들을 잠시 뒤로 하고, 오직 나의 내면만을 바라본다. 나의 내면에 온전히 집중하게 되면 나를 괴롭히는 생각의 정체가 또렷하게 보인다. 그리고 단지 이 생각 때문에 내가 어떤 감정을 느끼고 있는지를 관찰한 것만으로도 우리의 상태는 꽤 많이 나아질 수 있다. 가끔 누군가의 잘못된 행동으로 인해 화가 잔뜩 났다가도, 그가 그럴 수밖에 없었던 이유를 들으면 화가 가라앉는 경험을 했던 적이 있을 것이다. 명상의 원리도 이와 같다.

상처 그 놀라운 치유의 여정

명상을 통해 내가 어떤 감정에 취약한지, 내가 어떤 감정을 자주 느끼는지, 내가 지금 어떤 상태인지를 계속해서 관찰해보면, 결국에는 자신에 대해 누구보다 정확하게 알게 된다. 꾸준한 자아의 관찰이 자아의 발견으로 이어진다. 지피지기면 백전백승이듯, 나를 잘 알면 내가 다치거나 힘들만한 일을 예방할 수 있고, 혹여 그런 일이 일어나더라도 효과적으로 치유가 가능하다.

심리치료나 정신치료와는 다르게 명상은 꼭 타인의 도움을 필요로 하지도 않는다. 명상은 스스로를 관찰하고 호흡으로 다스리는 것이기에 온전히 혼자서 할 수 있는 치유 행위다. 처음 명상에 입문할 때는 타인의 가이드가 조금 필요할 수 있지만, 이내 익숙해지면 큰 어려움 없이 혼자 명상을 하는 자신을 발견할 수 있다. 명상을 하고 싶으면 누군가를 찾아갈 필요 없이 그 자리에서 잠시 눈을 감고 편안한 호흡을 하며 현재의 감정 상태를 알아차리기만 해도 된다.

명상에 익숙하지 않은 분들이 쉽게 오해하는 것 중 하나는 바로 장소에 대한 편견이다. 매체에 소개되는 명상자들은 대개 자연 속에서 매트를 깔고 가부좌를 틀거나,

떨어지는 폭포 아래에서 물을 맞으며 수행하는 수행자의 이미지로 등장한다. 물론 좋은 기운과 풍경이 있는 장소에서의 명상은 그 나름의 효과를 보일 수도 있다. 그러나 바쁜 일상을 살아야 하는 일반인들이 나쁜 감정이 올라오거나 기분이 들뜰 때마다 속세를 등지고 자연을 찾아 명상을 하는 것은 불가능한 일이다.

다행히도 명상은 장소에 구애받지 않고 언제 어디서든 할 수 있다. 아침에 일어났을 때 내 심리가 불안정하다고 느끼면 침대에서 몸을 일으켜 그 자리에서 바로 명상을 시작할 수 있다. 혹은 직장에서 일을 하다가 안 좋은 기억이나 기분이 내 감정을 통제하려고 드는 것이 느껴질 때, 사무실 의자에서 바로 명상을 시작할 수도 있다. 그 자리에서 눈을 감고 깊은 심호흡을 두세 번 하면서 나의 상태가 어떠한지 잠깐 관찰하는 것만으로도 그 감정이 곧 가라앉는 것을 느낄 수 있다. 꾸준히 명상을 연습해서 자신의 내면에 집중하는 힘이 더 강해진다면, 아무리 시끄러운 지하철이나 버스 안에서도 온전히 자신에게만 집중하며 명상을 할 수도 있게 된다.

명상이 좋은 치유방법인 이유 중 빼놓을 수 없는 점은

바로 시간이다. 명상을 아직 접해보지 못한 사람들은 명상은 한 번에 오랜 시간을 가부좌를 틀고 앉아야만 할 수 있는 것으로 잘못 알고 있는 경우가 많은데 그것은 사실과 다르다. 물론 깊은 명상을 하는 경우 오랜 시간 지속할 수도 있겠지만, 일상생활에서는 단 5분에서 20분 정도의 간단한 명상만으로도 충분히 자신의 감정을 다스릴 수 있다. 더불어 명상에 대한 연습과 이해가 많아질수록 짧은 시간에 더 깊은 명상이 가능해진다.

정리하자면, 명상은 누군가를 필요로 하지도 않고 특정한 장소에서만 할 수 있는 것도 아니다. 어떤 특별한 준비물이 필요한 것도 아니다. 명상에 필요한 것은 오직 명상을 하겠다는 목표와 짧은 시간이라도 꾸준하게 실천하는 의지가 있으면 된다. 그렇기에 명상은 운동으로 비유하자면 전력 질주보다는 산책에 가깝다고 할 수 있겠다. 너무 힘을 줄 필요도 없고, 또 많이 신경 쓸 것도 없다. 다만 하겠다는 의지와 여유로운 마음, 그리고 필요할 때마다 꾸준히 해주는 습관만 들이면 되는 것이다. 일이 잘 안되거나 마음이 답답할 때 집 앞 공원을 잠깐 걷고 오는 것처럼 명상도 그렇게 일상에서 부담 없이 편안하게 하면 된다.

상처 그 놀라운 치유의 여정

지금 여기
역동적인 일상

일상이란 말 그대로 매일 반복되는 삶을 말한다. 즉, 특별한 사건이나 문제가 없이 예상 가능하게 흘러가는 시간들이 바로 일상이다. 그렇기에 일상이라는 단어를 떠올리면 당연함, 이완, 평온 등의 단어들이 연관되어 떠오른다. 하지만, 우리의 일상이 과연 단어가 주는 느낌과 같은 내용일까?

현대인은 늘 바쁘다. 더군다나 한국인들은 세계적으로도 제일 바쁜 사람들이다. 학생들은 아침 일찍 일어나 하루의 대부분을 학교에서 공부하고, 하교 후에는 학원에 가서 또 공부를 한다. 밤 늦게 집에 돌아오면 학교와 학원에서 내준 숙제를 하고 나서야 잠에 들 수 있다. 직장인의 상황도 별반 다르지 않다. 아침 일찍 출근해서 업무를 처리하다 보면 금세 어두워진 하늘을 보게 된다. 만원 버스와 지하철에 녹초가 된 몸을 싣고 겨우 집에 도착하면 시간은 벌써 7시, 저녁을 먹고 샤워까지 마치면 이내 잠자리에 들 시간이 된다.

글로 적기만 해도 숨막히는 한국인들의 '일상'이고 보니, 남녀노소를 무론하고, 한국인들의 유일한 희망은 주말과 휴일이다. 일 년 중 모든 주말과 휴일을 합치면 대략 110일~120일 정도 되는데, 그 날들을 고스란히 쉰다고 해도 일 년 중 2/3가 넘는 245~255일은 고단한 일상에 쫓기며 살아간다. 하지만 만약 당신이 명상을 알게 된다면, 더 이상 이러한 걱정을 하지 않게 될 수 있다. 휴식이 있는 하루를 위해 당신이 해야 할 일은 딱 3가지다.

1. 사이시간을 찾아라.

빈 틈 없는 스케줄을 자랑하는 현대인들에게 '사이시간'을 찾으라고 말하면, 어쩌면 현실을 조금도 모르냐며

상처 그 놀라운 치유의 여정

핀잔을 들을 수도 있다. 그러나 내가 말하는 '사이시간'은 몇 십 분 내지 몇 시간의 단위가 아니라, 과업을 끝내고 다음 과업으로 넘어가는 사이에 존재하는 아주 작은 시간을 의미한다. 예를 들어 업무시간에 보고서 작성을 끝낸 후 파일 정리를 하기 전까지 비는 약 3분 정도의 시간이 바로 '사이시간'이다. 학생의 경우는 수학 문제집을 다 풀고 나서 국어 교재를 펼치기까지의 시간이 '사이시간'이 되겠다.

대부분의 현대인들은 이 시간을 허무하게 흘려보낸다. 알림창이 떠 있는 어플리케이션을 확인하거나, 인터넷 연예뉴스를 클릭해보던가 하는 식으로 말이다. 그러나 이런 시간들을 제대로 활용하면 당신이 감당해야 할 스트레스의 양을 상당부분 줄일 수 있다. 일단, 당신의 일상에서 '사이시간'이 언제 발생하는지를 확인하고, 그 시간 동안 스마트폰이나 컴퓨터와는 잠깐 작별인사를 고하자.

2. 눈을 감고 숨을 편안하게 들이쉬고 내쉬자

처음 어머니의 배 밖으로 나왔을 때, 우리는 우렁차게

울음을 터뜨린다. 신생아는 산모에게서 산소를 공급받던 방식을 버리고 폐로 호흡하기 위해서 큰소리로 운다. 세상에 발을 내딛는 순간부터 관 속에 들어가기 직전까지, 우리는 숨을 들이쉬고 내쉬는 행동을 반복한다. 남자든 여자든, 부자든 부자가 아니든 사람으로 태어난 이상 모두가 평생에 걸쳐 호흡하지 않고 살 수는 없다.

모두가 학창시절 배웠듯이 호흡은 산소를 취해 에너지를 만드는 행위이다. 하지만 그것만이 호흡의 기능은 아니다. 호흡은 기의 흐름을 조절하고 활성화시키는 기능 또한 갖고 있다.

예를 들어, 누군가 화가 났을 때 그의 모습은 어떠한가? 사람이 화를 낼 때 가장 먼저 도드라지는 건 바로 호흡이다. 화가 잔뜩 난 사람은 그 흥분을 폐에 담아 거칠고 불규칙적으로 뿜어댄다. 화가 난 사람을 묘사할 때 쓰는 의성어가 '씩씩'인 것도 그러한 이유 때문이다.

분노 외에도 슬픔, 흥분, 웃음 또한 호흡이 우리의 감정상태와 긴밀하게 연결되어 있음을 설명한다. 호흡은 우리의 감정에 따라 달라지는데, 중추신경계와 자율신경계를 통해 우리의 몸과 마음을 연결하기 때문이다. 특별

상처 그 놀라운 치유의 여정

히 호흡은 자율신경계의 통제를 받기 때문에 호흡을 적절히 조절하면 우리의 감정 또한 조절할 수 있고, 더 나아가 우리의 마음을 안정적이고 집중적인 상태로 유지시킬 수 있다.

호흡과 감정 간의 긴밀함을 이용한 명상법이 있는데, 바로 '호흡명상'이다. 평상시에도 대부분의 사람은 어느 정도 흥분해 있다. 그 이유가 즐거움이든 분노이든 간에 일상을 살면서 에너지를 소비하게 되는데, 그 과정에서 일정 정도 흥분이 발생한다. 즉, 일상을 지내는 사람들이 수면하듯 평온한 상태를 유지하는 것은 말처럼 쉽지 않다. 그런데 호흡명상은 이렇게 흥분해 있는 일상의 인간을 평온한 상태로 이끌어 주고, 다시 학업이나 업무를 시작할 때 집중할 수 있도록 최상의 상태로 인도한다.

호흡명상을 하는 방법은 우선 목, 등, 허리가 일직선이 되게 곧고 편안하고 이완된 자세를 취하고, 눈을 살포시 감은 상태로 아랫배에 의식을 두어 숨을 편안히 들이쉬고 내쉬면 된다. 이때 숨이 들어오고 나가는 전 과정의 순간순간에 대하여 주의를 기울이며 명상을 한다.

3. 나를 바라보기

시간을 확보하고, 준비를 마쳤다면 이제 본격적으로 명상에 들어갈 차례이다. 명상에 막 입문한 사람들이 처음부터 오랜 시간 집중하기는 어렵다. 그렇기에 우리의 첫 목표는 딱 3분이다. 그렇다면 3분 동안 우리는 무엇을 해야 할까?

우선, 나를 바라보아야 한다. 우리는 역사상 그 어느 때보다 자극적인 세상 속에서 살고 있다. 화려한 영상을 계속 틀어주는 매체들과 도시의 여러 소음들, 계속해서 밀려드는 업무와 동료의 향수 냄새, 맛있는 음식 등등 우리의 감각기관들은 자기 전까지 결코 쉴 틈이 없다.

그런 하루가 반복되다보면 정작 돌보야 할 우리의 마음은 소외되고 만다. 마음에 대한 무관심은 작은 상처라도 곧 곪게 만들고, 곪은 상처들이 많아질수록 우리는 쉽게 지치고, 짜증내고, 스트레스를 받게 된다.

그렇기에 우리는 사이시간을 활용해 잠시라도 우리의 마음을 보살피는 시간을 가져야 한다. 방법은 간단하다. 바른 자세와 심호흡을 통해 안정이 되면, 스스로를 제 3

자의 시점에서 관찰하면 된다. 물론 겉모습이 아닌 마음을 바라봐야 한다. 내가 지금 어떤 기분인지, 무엇을 힘들어하는지, 왜 지치는지를 가만히 바라봐야 한다. 지레짐작으로, 수능문제를 찍듯이 인스턴트식 즉답을 하는 것이 아니라, 지금 이 순간, 내 마음의 상태를 바라보는 행위 자체로 마음이 편안해지는 효과를 볼 수 있다.

통찰명상

　우리말로 '통찰명상' 혹은 '마음챙김'으로 번역된 이 명상법은 불교 용어로 '위파사나(Vipassanā)'라는 이름을 갖고 있고, 또 영어로는 '마인드풀니스(Mindfulnes)'로 불리기도 한다.

　마음챙김 명상은 불교의 전통적 수행방법인 사티의 위파사나를 현대 심리학, 정신의학 등과 결합해서 만든 명상법이다. 서구에서 널리 유행하는 방법으로, 많은 정신과 의사 및 상담사들이 내담자들에게 추천하는 방법이기도 하다.

　통찰명상 또한 다른 명상들처럼 그 방법은 어렵지 않다. 하루에 딱 10분만 시간을 내어 통찰명상을 꾸준히 한다면 마음속에 있는 응어리들을 해소하는 데 큰 도움을 얻을 수 있다.

통찰명상의 목적은 긴장을 풀고 현재에 집중하며 알아차림의 상태에 머무르기이다. 잡념에 휩싸이지 않고 자신의 상태를 객관적으로 알아차림하는 것에 그 의미가 있다.

통찰명상을 시작할 때는 조용하고 편안한 공간을 찾아야 한다. 마땅한 장소를 찾았다면, 편안한 자세로 척추는 바로 세우고, 몸은 이완된 상태로 눈을 지그시 감고 심호흡을 천천히 여러 번 한다. 호흡에 집중하며 들숨과 날숨에 아랫배가 나왔다가 들어가는 것을 관찰한다.

"호흡을 억지로 조절하려 하거나, 잘 하려고 하지 말고 그저 호흡에 집중한다."

호흡에 집중하는 동안 다른 잡념에 빠지면 그 잡념에 매달리지 말고 그저 잡념에 빠져 있다는 걸 알아차리고 다시 호흡으로 돌아와서 집중한다.

혹여나 명상 중 싫어하는 사람이 떠오르면 그 사람을

어떤 식으로든 판단하지 말고 '내가 저 사람을 싫어하고 있구나' 하고 알아차림하고 다시 호흡에 집중한다. 즉, 지금 이 순간에 일어나는 현상을 왜곡 없이 있는 그대로 직시하고 알아차려야 한다.

본래 만물과 세상 그 자체는 가만히 있는데 인간이 스스로 먼저 그것에 반응한 결과 잡념이나 고통이 생겼다. 불교의 거목이었던 성철 스님의 유명한 격언 '산은 산이요 물은 물이로다'라는 말이 이런 뜻을 담고 있다. 따라서 이 명상은 몸의 모든 육체적 감각과 생각을 계속 관찰하되 절대로 반응하지 않는, '관조의 상태'를 목적으로 한다.

따라서 일단 생각과 몸의 감각에 대하여 반응하지 않고 그저 관찰하는 능력을 키워야 한다. 과거의 안 좋았던 기억이 떠오르면 반사적으로 부정적인 감정을 일으키지 말고, 내가 그런 생각을 떠올리고 있다는 사실만을 관찰해야 한다.

그러다보면 떠올랐던 안좋은 기억이 사라지는 변화를 알아차릴 수 있다.

상처 그 놀라운 치유의 여정

결국 그 어떠한 것도 영원하지 않기에 집착할 바가 없
다는 걸 알게 된다.

걷기명상
(자애명상의 집에서 수련한 내용을 정리)

걷기명상은 천천히 걷는 중에 의식을 발에 집중하여 매순간 발동작과 발의 느낌을 놓치지 않고 알아차리겠다는 마음으로 관찰하는 방식으로 이루어진다.

명상을 처음 시작해보면 느끼겠지만, 한 자리에 앉아서 가만히 집중하는 것이 생각보다 낯설고 어렵게 느껴질 수 있다. 그렇기 때문에 초보자의 경우 앉아서 미세한 호흡을 관찰하는 것보다 걸으면서 발의 움직임을 관찰하는 게 훨씬 쉬울 수도 있다. 방법은 아래와 같다.

걷기 명상에 들기 전에 먼저 발뒤꿈치를 붙이고 똑바로 선 채 약 10초 정도 자신의 호흡을 느끼면서 마음을

◦ 상처 그 놀라운 치유의 여정

가다듬는다. "발에 집중"이라고 마음을 다짐하면서 발에 의식을 집중한다. 먼저 오른발을 들어 앞으로 나아간다. 발동작과 발의 느낌을 놓치지 않고 알아차리면서 "오른발"이라고 마음속으로 명칭을 붙인다. 오른발이 완전히 다 옮겨졌음을 알아차린 뒤에 마음을 뒤쪽에 있는 왼발로 옮겨간다. 왼발도 같은 방법으로 옮기면서 "왼발"이라고 마음속으로 명칭을 붙인다. 중간에 생각이 끼어들면 즉각 알아차림과 동시에 '생각', '생각', '생각'이라고 마음속으로 되뇐다. 그러면 생각이 바로 사라지고 고요해진다. 그러면 다시 '오른발', '왼발'을 계속 알아차린다. 손 처리는 본인 편한 대로 한다. 아랫배 위에 갖다 대도 좋고, 평소 걷는 것처럼 자연스럽게 흔들어도 좋다. 팔짱을 끼거나 뒷짐을 지어도 좋다. 다만 머리는 똑바로 세운 채 걸어야 하는데, 곧은 자세를 유지해야 명상에 최적화된 호흡을 할 수 있기 때문이다.

다른 명상과는 다르게 계속 움직여야 하므로 눈은 반쯤 뜨되 최소한의 안전을 위한 관찰 외에는 외부 대상에 마음을 줘서는 안 된다. 시선은 1.5~2m 앞쪽 바닥에 둔 채 걷고, 좌우를 두리번거리거나 어떤 대상도 눈여겨보지 않는다. 걸음의 목적은 주변의 관찰이 아니라 내 마음 속 관찰이다.

멈출 때는 멈춤을 알아차리면서 '멈춤', '멈춤', '멈춤' 이라고 3번 반복하여 되뇌면서 멈춘 상태에서의 몸과 마음을 5~10번 정도 충분히 느낀다. 그런 뒤에 돌아서려는 의도를 일으키면서 '돌려고 함' 이라는 명칭을 붙이고 돌기 시작한다. 돌면서 도는 동작을 놓치지 않고 알아차리면서 '도-옴'이라고 명칭을 붙인다.

속도는 평상시 속도나 그것보다 조금 느리게 걸으면서 다른 생각에 빠지지 않고 15분 이상 발에 의식을 집중할 수 있을 때, '듦-나감- 놓음'의 단계로 넘어가면 된다. "듦, 나감, 놓음"의 각 단계는 다음과 같다.

● "듦"

발을 드는 동작이 시작되면 시작되는 순간을 분명하게 알아차리고 진행되면 진행되는 과정을 분명하게 알아차린다. 끝이 나면 끝나는 순간을 분명하게 알아차린다. 드는 동작의 첫 시작점부터 끝점까지의 전 과정을 잠시도 놓치지 않고 계속 알아차림 해간다. 그 행위에 '듦'이라고 명칭을 붙인다.

발이 바닥에 떨어질 때 발바닥과 바닥 사이에서 일어나는 현상과 느낌을 알아차린다. 그리고 발을 들 때, 발이 무거우면 '무거움'이라고 알아차리고 가벼우면 '가벼움'이라고 알아차린다.

● "나감"

시작하려 할 때, '나아가려 함'이라며 그 의도부터 알아차려야 한다. 그리고 나아감을 시작한다. '나감'이라고 마음으로 명칭을 붙이며 과정을 알아차리고, 발의 나아감이 가벼우면 가벼운 줄, 무거우면 무거운 줄 알아차린다.

집중력이 좋아져서 강력하게 알아차리면 발이 매우 느린 속도로 나아가는데도 공기의 부딪힘과 같이 극도로 미세한 것까지 알아차릴 수 있게 된다. 평소에는 무심코 지나가던 사소한 것들도 온몸으로 느낄 수 있다.

● "놓음"

내려놓으려 할 때 '내려놓으려 함'이라며 그 의도부터

먼저 챙긴 뒤에 놓음을 시작한다. 내려놓을 때 발을 수직으로 내린다는 기분으로 서서히 내리면 강력한 집중력이 형성된다.

내려놓을 때 발이 바닥에 닿는 순간을 놓치지 않고 알아차린다. 체중을 앞으로 나가는 발로 서서히 옮겨 실으면서 그때의 발의 느낌을 알아차린다. 땅에 닿는 느낌, 내 체중이 발목과 발바닥과 발가락에 차례대로 실리는 느낌을 모두 알아차린다.

발이 움직일 때 움직임의 과정과 발의 느낌을 있는 그

대로 봐야 한다. 마음을 발 이외의 그 어떠한 것에도 가지 않도록 해야 한다. 산만하고 분주한 마음을 잡아두는 방법은 발에 마음을 고정시켜 발에서 일어나는 현상을 세밀하게 관찰한다. 마음을 한 곳에 머물게 하여 집중을 하면 마음의 안정을 얻을 수 있으며 기쁨과 행복도 얻을 수 있다.

걷기명상의 가장 큰 장점은 공간의 이동이 잦은 현대인들이 움직이면서도 할 수 있는 명상이라는 점이다. 출퇴근이나 등하교 시간에 무료하게 음악을 듣거나 스마트폰으로 영양가 없는 콘텐츠를 소비하는 시간을 아껴, 오른발 나갈 때 '오른발', 왼발 나갈 때 '왼발'을 알아차리며 걷는 간단하고 쉬운 걷기 명상에 도전해보는 건 어떨까싶다.

산책할 때나, 집안에서 걷기명상

천천히 걸으며
오른발 들 땐 "오른발"
왼발 들 땐 "왼발"이라고 마음속으로 되뇌거나
작은 소리를 내어도 좋다.

걸음에만 집중하면서
천천히 걷는다.
"오른발", "왼발"
"오른발", "왼발"
"오른발", "왼발"

걸을 때 어떤 생각이 들거나 잡념이 떠오르면
생각이나 잡념이 떠오른다는 걸 알아차리고
"생각", "생각", "생각"이라고
마음속으로 되뇌인다.

그러면 생각이나 잡념이 사라진다.

상처 그 놀라운 치유의 여정

다시 "오른발" "왼발" 걸음에 집중하면서 천천히 걷는다.

걷다가 돌아서야 할 때는

'도-옴'이라고 마음속으로 되뇌거나 작은 소리를 내면서

돌기 시작한다.

돌면서 도는 동작을 알아차린다.

다시 천천히 걸으며,

"오른 발" "왼발"

"오른 발" "왼발"

"오른 발" "왼발"

걸음에만 집중하면서 걷는다.

멈출 때는 멈춤을 알아차리면서.

'멈춤' '멈춤' '멈춤'이라고 3번 반복하여

되뇌거나 작은 소리를 내면서 멈춘 상태에서

몸과 마음을 충분히 느낀다.

집중명상

　근심과 걱정으로 산란해진 마음을 어떤 대상에 머물게 하여 알아차림을 유지하면서 집중하게 되면, 시간이 지날수록 마음이 고요하고 평화스러운 상태에 이르게 된다. 집중하는 대상은 마음에 의해 구성된 집중하는 대상은 실생활의 어떤 대상이 아니라 마음에 의해 구성된 표상(nimitta)이다. 예를 들어 벽에 있는 어떤 한 점을 본 다음 눈을 감으면 그 점의 이미지가 눈앞에 나타난다. 그 이미지를 반복해서 집중하면 그 점이 더욱 더 선명해지고 일정기간 유지된다. 또는 어떤 색깔, 물체, 낱말에 집중을 해도 된다. 집중명상을 하는 동안에 좋다, 나쁘다와 같은 가치판단을 하지 않는다. 판단을 하게 되면 마음이 더욱 산란해져서 집중하거나 마음을 고요하게 유지하는 것이 어렵다.

(출처: 네이버 지식검사,상담학 사전)

상처 그 놀라운 치유의 여정

(나의 일상에서 집중명상)

불현듯 동생네 생각이 올라와 슬픔과 애틋함으로 주체할
수 없이 눈물이 흐를 때,

슬픔이 올라오는 것을 원망하거나 회피하지 않으며
슬픈 생각에 계속 머무르거나 따라가지 않으며

슬픈 생각이 일어났구나
그래서 눈물이 나오는구나
라는 걸 알아차리고

'사랑'이라는 단어에 집중하여
호흡과 리듬을 맞추면서
마음이 편안해 질 때까지 '사랑' '사랑' '사랑'....
계속 되뇌인다.

그러다보면 흐르던 눈물은 멈추고
슬픈 생각에서 마음이 자유러워지고 본연의 상태로 돌아
온다.

자애명상

자애란 모든 생명 있는 존재들이 평화롭고 행복하기를 바라는 마음을 뜻한다. 자애의 뜻은 현대인들에게도 매우 중요한데, 우리는 무한경쟁과 먹고사는 것에 깊게 몰입한 나머지 어느새 자기 자신만 생각하며 사는 이기적인 시대를 맞이하여 살게 되었기 때문이다. 이러한 사람들의 행태는 명상에서도 나타난다. 처음 명상이 생겼을 때는 번뇌를 없애고 깨달음을 얻어 어리석은 중생들에게 가르침을 주기 위한 위대한 목적이 있었다. 하지만, 최근의 명상은 대부분이 개인을 위한 명상이다. 나의 만족, 나의 위로, 나의 휴식을 위해서만 명상을 하는 사람들이 늘고 있다. 이러한 풍토가 만연하는 가운데 타인을

◉ 상처 그 놀라운 치유의 여정

지향하는 자애명상은 본래 명상이 가진 가장 궁극적인 목적을 수행하는 명상이라고 볼 수 있다.

오늘날 명상의 세태를 걱정한다고 해서, 자신을 위한 명상을 덮어두고 비난하려는 생각은 결단코 없다. 자애명상의 본질에 다가서려고 할 때에도 가장 먼저 나를 위한 명상을 해야 하기 때문이다. 내가 괴로움에 가득 차 있고, 내가 슬픔에 빠져 있는 상태에서 어떻게 다른 사람의 행복을 빌어주고 즐거움을 줄 수 있겠는가? 다만, 오늘의 세태가 타인에 대해 무관심하여, 자신의 상태가 호전된 이후에도 여전히 고통 가운데 있는 다른 사람들을 위해 이타심을 일으키지 않는 것이 아쉬울 뿐이다.

진정한 자신의 행복을 찾기 위해서라도 타인을 위한 명상은 필요하다. 자기만을 위하는 명상은 결국 홀로 소유하는 작은 행복만을 가져다주는데 반해, 타인을 위하는 명상은 함께 나누는 행복, 곧 큰 행복에 이르게 하기 때문이다.

자애명상은 다른 명상들보다 순서가 조금 복잡하다. 그러나 초보자라고 해서 결코 따라할 수 없을 만큼 어려운 것은 아니다.

자애명상에 들어가기 전 가장 먼저 해야 할 일은 내가 남에게 한 잘못의 용서를 구하는 일이다. 또한 남이 나에게 한 잘못을 용서하는 것도 중요하다.

그리고 이어서 자기 자신을 위한 명상을 해야 한다. 타인에게 평화와 즐거움을 주려면 무엇보다 먼저 내가 평화롭고 즐거운 상태가 되어야 한다. 따라서 스스로를 위한 자애명상을 할 때에는 내 자신이 행복하고, 평화로우며, 괴로움과 슬픔에서 벗어나기를 바라야 한다.

이 단계에서는 내가 겪었던 사소한 즐거움들을 크게 증폭시키는 연습을 한다. 평소에는 너무 익숙하거나 당연하다고 생각했던 것들을 다시 한 번 되돌아보고, 그것에 진심으로 감명 받고 감사해야 한다. 예를 들면 매일 아침밥을 차려주는 아내에 대한 고마움, 집에 돌아올 때마다 나를 격하게 반겨주는 강아지 등이 일상 속의 사소한 행복이다. 이런 사소한 것들로부터 평소 가벼운 즐거움이나 기분 좋음 정도만 느꼈다면, 자애명상을 통해 그 행복감을 더욱 증폭시켜보자. 이런 과정이 익숙해지면, 내가 특별하게 생각하지 않았던 나의 인생에 얼마나 많은 행운과 귀인들이 다녀갔는지를 알 수 있게 되고, 저절

상처 그 놀라운 치유의 여정

로 나의 삶에 대한 감사함이 자리잡게 된다.

자신에 대한 자애명상이 끝나면 두 번째 단계인 '한정된 대상에 대한 자애명상'으로 넘어간다. 처음에는 고마운 사람, 존경하는 사람, 혹은 은혜를 입은 사람이나 소수의 집단을 대상으로 명상을 진행한다. 이들의 모습을 천천히 떠올린 후에 각자의 행복을 빌어주면 된다. 행복을 비는 것에는 정도가 없다. 어떠한 문장이든 대상을 진심으로 위하는 말 몇 마디면 충분하다.

다음은 사랑하는 사람들을 위한 자애명상을 한다. 가족, 친지, 친구 등 자신이 사랑하는 사람들을 위한 명상을 하면 된다. 이때 주의해야 할 사항이 있는데, 바로 죽은 사람을 제외하는 것과 욕망의 대상이 될 수 있는 이성을 대상으로 자애명상을 하지 않는다는 것이다. 특히 명상 초보자들의 경우 이 두 가지 주의점들에서 마음이 동요되어 집중 상태가 깨지는 등 어려움을 겪기도 한다. 때문에 어느 정도 명상이 익숙해지기 전까지는 고인이나 이성을 대상으로 한 자애명상은 자제하는 것이 좋다. 자애명상이 향상되면, 그때 충분히 그들을 대상으로 명상할 수 있다.

다음으로는 싫어하는 사람들을 위한 자애명상을 해야한다. 사실 말이 쉽지, 이 단계는 누구에게나 어렵다. 자애명상이 향하는 타인은 자신의 주변 사람부터 생명이 붙어 있는 모든 사람에게까지 이른다. 때문에 그 범주에서 자기가 미워하거나 싫어하는 사람들만 빼놓을 수 없다. 하지만, 이 과정 중에서 부정적인 감정에 휩싸이거나 흥분하여 명상 상태가 깨지는 경우도 빈번하게 발생한다. 만약 자신이 동요되고 있음을 관찰했다면, 앞에서 배운 호흡명상을 통해 감정을 가라앉혀야 한다. 마음속 깊이 증오하던 인물들을 용서하고, 그들에게 진정한 평화와 행복이 임하기를 빌어보자. 그 사람을 미워하고 증오했던 세월이 얼마나 부질없었는지 알아차리고 그들을 불쌍히 여길 수 있는 사람이 되어야 한다. 자애명상은 당신이 그 어려운 경지에 이를 수 있도록 도울 것이다. 마지막으로 모든 존재들에 대한 자애명상을 한다. 자신이 행복하기를 바라는 것처럼 모든 생명들이 행복하고 평화롭기를 바라는 마음을 일으킨다.

자애명상의 집

● 매일 자애명상 하기 ●

(자애명상의 집에서 수련한 내용 정리)

● 용서

만일 내가 다른 사람에게 입으로 몸으로 생각으로 잘못했다면

내가 편안하고 행복할 수 있도록 용서를 구합니다.

또한 누군가가 나에게 입으로 몸으로 생각으로 잘못했다면 그들이 편안하고 행복하게 살 수 있도록 나는 용서합니다.

● 자애

내가 건강하고 편안하길 바랍니다.
정신적, 육체적 고통에서 벗어나길 바랍니다.
내가 행복하길 바랍니다.

내가 건강하고 편안하길 바랍니다.
정신적, 육체적 고통에서 벗어나길 바랍니다.
내가 행복하길 바랍니다.

내가 건강하고 편안하길 바랍니다.
정신적, 육체적 고통에서 벗어나길 바랍니다.
내가 행복하길 바랍니다.

고마우신 부모님께서 건강하고 편안하고 행복하시길 바랍니다.
고마우신 부모님께서 건강하고 편안하고 행복하시길 바랍니다.
고마우신 부모님께서 건강하고 편안하고 행복하시길 바랍니다.

존경하는 스승님께서 건강하고 편안하고 행복하시길 바랍니다.
존경하는 스승님께서 건강하고 편안하고 행복하시길 바랍니다.
존경하는 스승님께서 건강하고 편안하고 행복하시길 바랍니다.

은혜를 입은 … 께서 건강하고 편안하고 행복하시길 바랍니다.
은혜를 입은 … 께서 건강하고 편안하고 행복하시길 바랍니다.
은혜를 입은 … 께서 건강하고 편안하고 행복하시길 바랍니다.

사랑하는 우리 가족이 건강하고 편안하고 행복하시길 바랍니다.
사랑하는 우리 가족이 건강하고 편안하고 행복하시길 바랍니다.
사랑하는 우리 가족이 건강하고 편안하고 행복하시길 바랍니다.

나를 힘들게 한 …께서 건강하고 편안하고 행복하시길 바랍니다.
나를 힘들게 한 …께서 건강하고 편안하고 행복하시길 바랍니다.
나를 힘들게 한 …께서 건강하고 편안하고 행복하시길 바랍니다.

모든 존재들이 건강하고 편안하고 행복하시길 바랍니다.
모든 존재들이 건강하고 편안하고 행복하시길 바랍니다.
모든 존재들이 건강하고 편안하고 행복하시길 바랍니다.

내가 건강하고 편안하길 바랍니다.
정신적 육체적 고통에서 벗어나길 바랍니다.
내가 행복하길 바랍니다.

든든한 남편과
잘 성장해준 아들 딸에게

아들과 딸은 20대에 사촌 일가의 죽음을 차례차례 경험했다. 더군다나 그 아이들을 위로하고 보듬어주어야 할 내가 정작 실의에 빠져 너무나 힘들어하는 모습을 보이니, 오히려 자식들이 나를 위로해 주는 날이 참 많았다.

자식의 방패가 되어야 할 부모가 그 역할을 다하지 못한 것에 있어서 아직도 마음 한쪽에 미안한 감정이 쌓여 있다. 매일 밤 눈물 흘리고, 시도 때도 없이 감정에 휘둘리는 엄마 곁에서 사는 게 여간 힘든 일이 아니었을 텐데도 내 자식들은 투정 한 번 부리지 않았다.

조카를 부탁한다는 동생의 유언 때문에 7년이라는 세

상처 그 놀라운 치유의 여정

월을 외사촌형제와 함께 지내게 되었을 때도 아들과 딸은 불편한 기색 한 번 내보인 적이 없었다. 딸아이는 갑자기 같이 살게 된 외사촌오빠를 친오빠 대하듯 살갑게 맞아주었으며, 명품 지갑을 선물로 주는 등 그의 마음을 열기 위해 정말 많은 노력을 기울였다.

아들은 외국에서 대학을 졸업하고 한국에 들어와서 외사촌형 때문에 자신의 방을 사용 못해도, 단 한 번도 그에 대한 불평을 한 적이 없다. 오히려 형은 힘드니까 자신이 배려함이 마땅하다고 말하며 흔쾌히 방을 양보했다. 매일 밤 다 큰 아들이 자기 방이 아닌 거실 소파에서 새우잠을 자는 걸 보고 있노라면, 한편으로는 대견했지만, 다른 한편으로는 너무 미안했다.

여러 사건들을 겪으면서 내가 지옥 같은 시간을 보내고 있었을 때, 가장 큰 위로를 준 사람들은 바로 나의 사랑하는 남편과 아들과 딸이었다. 내가 항상 그리워하던 백령도는 내 딸이 아니었다면 재방문할 일이 없었을 지도 모른다. 딸의 과감한 추진력에 기대어 함께한 백령도 여행은 이제껏 내 인생의 행복한 기억들 중 하나가 되었다.

내가 오십이 넘은 나이에 다시 대학과 대학원에 진학해서 정신치료와 최면과 명상을 공부할 때도, 군부대에 강연을 나갈 때도, 명상지도자를 준비할 때도, 가족들은 나를 묵묵히 응원해 주었다. 비록 지금은 어렸을 때부터 항상 나의 편이었던 동생이 없지만, 그럼에도 내가 용기를 잃지 않고 살아갈 수 있는 이유는 바로 가족 덕분이다.

그리고 우리 가족은, 책을 내겠다는 나의 결정에도 응원과 격려를 보내주었다. 사실 책을 써야겠다고 마음먹은 이후에도 적지 않은 시간을 망설임과 주저함으로 흘려보냈다. 내가 겪은 고통이 실은 나만의 고통이 아닌 우리 가족 전체의 고통이었기 때문이다. 책을 쓰면서 그 암울했던 과거의 경험들을 괜히 다시 불러와서 가족들을 괴롭게 하진 않을까 우려도 되었다. 그러나 이런 걱정은 아무 쓸 데 없는 기우(杞憂)였다. 누구보다도 날 이해해 주고 또 사랑해 주는 가족들은 다른 사람들에게 도움이 되는 사람으로 살고 싶다는 나의 소망을 지지해 주었다. 본인들도 같은 고통을 겪었음에도, 한 치의 망설임도 없이 책을 쓰라고 격려의 말을 해주었다.

나는 이렇게 항상 힘이 되어주는 가족들이 있었기에,

오대산 상원사

홀로 감당할 수 없는 벅찬 일들을 무사히 극복하고, 행복하게 살아가고 있다. 아픔을 견디고 극복하는 모든 과정을 묵묵히 응원해 준 나의 남편, 그리고 사랑하는 아들딸에게 이 자리를 빌어 정말 고맙다는 말을 전한다.

아들에게

자랑스럽고 듬직한
나의 아들아
서리서리 굽이쳐 흐르는
세월 따라
여기까지 왔구나

또 한 세상
꽃 피고 새 울고
낙엽지고 눈 내리는
세월 속에
너 거기
소나무처럼 푸르거라

딸에게

꽃보다 별보다

빛나는 너

너는 어이

꽃처럼 향기로우며

바위처럼 강할꼬

너를 보면 기쁨이

너를 보면 내일이

더욱 빛나누나

사랑스런 나의 딸아

엄마의 딸로

와줘서 참 고맙다

남편에게

별처럼 많은 사람 속에서

당신을 만나고 사랑하고
바람처럼 아팠던 날들...

당신은 나를 만나 행복했나요
황소 같은 열정으로
우리의 정원에
듬직한 울타리가 되어 주어
참 고마워요

이제 우리의 인생에도
깊은 가을이 오고 있어요
못다한 사랑 더 깊이 나누며
신뢰하고 존중하며
저 가을 속으로 평화롭게 걸어가요

◉ 상처 그 놀라운 치유의 여정

아픔을 안고
살아가는 이들에게

　누구나 다른 사람은 알 수 없는 저마다의 아픔을 가슴에 지니고 살아갑니다. 하지만, 아픔의 크기가 모두 같지는 않습니다. 물론 아픔을 비교하며 크기를 재는 것은 무의미한 일입니다. 누군가에게 솜털만큼 가벼운 아픔이 다른 누군가에게는 집채만큼 무거운 아픔이 될 수 있기 때문입니다. 뿐만 아니라, 아픔을 겪은 경험도 사람마다 현저히 다릅니다. 그렇기에 큰 아픔을 가진 사람들은 상대적으로 작은 아픔을 가진 듯 보이는 사람들을 부러워하거나, 자신의 상황을 더 크게 비관하기도 합니다.

　하지만 아픔의 무게가 무거우면 무거울수록 우리는

낙심하지 말고 자기 자신을 더 사랑하고 보듬어주어야 합니다. 세상만사 중 내 마음대로 되는 일은 많지 않습니다. 저의 경우만 봐도 그렇습니다. 저는 어떻게든 동생과 조카를 살리려고 안간힘을 써보았으나 사람의 명은 제가 어찌할 수 있는 게 아니었습니다. 결국 저는 허무하게 그들을 떠나보내고 말았습니다.

가장 괴로운 건 그리움 다음 찾아온 죄책감이었습니다. 사랑하는 동생을 보고 싶어 하는 마음이야 어쩔 수 없겠지만, 저는 무의식적으로 동생한테 미안한 감정을 가지고 있었습니다. 죄책감은, 사람이 느끼는 부정적인 감정 중에 그 힘이 제일 강한 편에 속합니다. 죄책감을 가진 사람들은 끊임없이 스스로를 괴롭히고 깎아 내립니다. 자기 자신을 죄인이라 생각하기 때문입니다.

하지만 죄책감을 안고 살아가는 사람들 중 상당히 많은 사람들이 죄책감을 갖게 한 '죄'와 정작 아무런 관련이 없습니다. 다시 말해, 평생을 죄책감을 갖고 살 만큼 큰 죄를 저지르지 않은 사람들이 대부분이라는 겁니다. 저만 해도 동생에게 또 조카들에게 죄책감을 가질 이유가 없었는데, 저 스스로 이유를 만들어가면서 죄책감을

이고 살았습니다. 감당할 수 없는 고통이 찾아왔을 때 어떻게든 그 이유를 만들어 책임의 대상을 삼으려는 본능의 장난이 아닌가 싶습니다. 잔인하게도 그 책임의 대상이 자기 자신이 되면 큰 비극적 사건이 벌어지기도 합니다.

실제 잘못은 사소한데, 마치 살인을 한 듯 괴롭거나 고통스러운 것은 마음의 작용이라고 생각합니다. 죄책감을 비롯한 부정적인 감정의 대부분은 그 존재 이유가 분명하지 않습니다. 만약 과거의 저와 같은 아픔을 겪고 계신다면 그것을 알아차리는 그 순간부터 그 감정은 빠르게 자취를 감추기 시작할 것입니다.

우리의 마음도 이와 비슷합니다. 부정적인 감정들의 실체를 제대로 파악하면 생각보다 별거 아닌 경우가 많습니다. 명상을 통해 스스로의 마음을 관찰하는 방법을 갈고 닦으면 당신이 갖고 있는 감정의 실체를 더 정확하게 파악할 수 있습니다.

미국의 여류작가 텔마 톰슨의 《빛나는 성벽》이라는 소설에 다음과 같은 대목이 있습니다.

"감옥 문 창살 사이로 밖을 내다보는 두 죄수가 있다.
한 명은 밤하늘의 반짝이는 별을 보고,
한 명은 불평과 원망으로 흙탕길을 본다."

저는 우울과 불행이라는 흙탕길 대신 명상이라는
반짝이는 별을 보았습니다. 세상의 모든 사람들이 명상
을 통해 불필요한 고통을 덜어내는 그 날이 오기까지
더 열심히 연구하고 가르치며 살겠습니다. 부디 당신의
심신이 건강하여 앞날이 평화롭고 행복하시길 바랍니다.

사곶 바닷가

상처 그 놀라운 치유의 여정

내면 아이에게 (나의 마음 속 아이에게)

별처럼 빛나고
꽃처럼 향기로운 아이야

언제부터인가
그 맑은 두 눈에
슬픈 눈물 고이고
절망의 번뇌 끝없이 쌓였지

아프고 아팠던 그 세월
잘 견디었구나
참 고맙다
이제 다시 새봄 오고
꽃 피려 한다
이제 너도, 찬란히 꽃 피우렴
여기까지 함께 와줘서 고맙구나
저 별까지 꼭 손잡고 가자꾸나

에필로그(Epilogue)

나의 50대는 슬픔과 아픔으로 점철되어 있다. 그 고통을 견디다 못해 스스로 치유의 길을 찾기 위하여, 서울 근교에 있는 파주 보광사, 의왕 청계사, 강화 전등사 등을 찾아서 마음을 다독거리고 정신치료, 최면, 명상 등을 공부를 하며 10여년 넘는 긴 터널을 지나 여기까지 왔습니다.

동생이 떠난 후 친정 형제들은 모두 동생에 대한 미안함과 스스로 죄인이 된 듯 죄책감에 시달리며 함께 자리하지 못했습니다. 그러다가 몇 해 전부터 한 달에 한 번씩 만나서 애잔함으로 그리움의 시간을 갖고 있습니다.

고마운 분들이 더 있습니다.

지금은 미국 캘리포니아의 아란야보디 숲속에서 수행

중인 삼청동 자애명상의 집 J선생님이 그중 한 분입니다. J선생님께서 아무것도 모르는 상태로 찾아간 저에게 명상을 잘 가르쳐 주시고 인도해 주셔서 감사드립니다. 서늘한 늦가을 밤, 명상수련을 마치고 자애명상의 집에서 골목길을 따라 주차장까지 내려올 때 느꼈던, 가슴 밑바닥부터 올라오던 마치 천국에 있는 것 같이 평온했던 시간들을 지금도 잊을 수가 없습니다.

몇 년 전부터 구상만 해오던 걸 서초 YMCA에서 국선도를 함께 수련하는 회원님의 동기부여로 용기를 냈고, 한국스피치리더십센터 민영욱 원장님의 도움으로 책을 완성하게 되어 진심으로 감사드립니다.

그리고 마지막 원고를 정리하기 위해 유럽풍 분위기의 백령도 통나무 펜션에 머물며, 사곶해변, 콩돌해수욕장 등의 바닷가를 한없이 거닐며, 동생과 즐겨듣던 〈All for the love of a girl〉을 이어폰을 꽂고 들으면서 유년시절을 회상하였습니다.

어릴 적부터 크게 울지 않고 살아오다가 동생의 일로 평생 쏟을 눈물을 다 흘린 것 같았습니다. 그리고 여전히 스물스물 올라오는 슬픔과 아픔이 있음을 깨닫습니다.

다만 달라진 것은 이제는 명상으로 다스리게 되었다는 사실입니다.

오늘도 명상으로 모든 이들이 슬픔과 괴로움에서 벗어나길, 평온하고 행복하길 진심으로 바랍니다.

"감옥 문 창살 사이로 밖을 내다보는 두 죄수가 있다.
한 명은 밤하늘의 반짝이는 별을 보고,
한 명은 불평과 원망으로 흙탕길을 본다."

상처 그 놀라운 치유의 여정

부제: 내면의 상처, 명상으로 꽃피우다

■

초판 1쇄 인쇄 / 2022년 5월 15일
초판 1쇄 발행 / 2022년 5월 20일

■

지은이 | 전현정
펴낸이 | 민병문
펴낸곳 | 새한기획 출판부

■

주소 | 04542 서울특별시 중구 수표로 67 천수빌딩 1106호
TEL | (02)2274-7809 / 070-4224-0090
FAX | (02)2279-0090
E-mail | saehan21@chol.com

■

출판등록번호 | 제 2-1264호
출판등록일 | 1991. 10. 21

값 12,000원

ISBN 979-11-88521-56-2 03180
Printed in Korea